中文国际传播推广研究

张 瑞◎著

吉林出版集团股份有限公司
全国百佳图书出版单位

图书在版编目（CIP）数据

中文国际传播推广研究 / 张瑞著 . -- 长春：吉林出版集团股份有限公司 , 2024.4
ISBN 978-7-5731-5127-8

Ⅰ.①中… Ⅱ.①张… Ⅲ.①汉语—传播学—研究 Ⅳ.① H1

中国国家版本馆 CIP 数据核字（2024）第 111077 号

中文国际传播推广研究
ZHONGWEN GUOJI CHUANBO TUIGUANG YANJIU

著　者	张　瑞
责任编辑	宋巧玲
封面设计	张秋艳
开　本	710mm×1000mm　　1/16
字　数	200 千
印　张	10.75
版　次	2025 年 1 月第 1 版
印　次	2025 年 1 月第 1 次印刷
印　刷	天津和萱印刷有限公司
出　版	吉林出版集团股份有限公司
发　行	吉林出版集团股份有限公司
地　址	吉林省长春市福祉大路 5788 号
邮　编	130000
电　话	0431-81629968
邮　箱	11915286@qq.com
书　号	ISBN 978-7-5731-5127-8
定　价	69.00 元

版权所有　翻印必究

前　言

中文国际传播属于对外语言传播，即语言国际传播的范畴。中文国际传播指中文跨越中国国界向其他国家和地区传播，从而使中文的学习和使用人数增加，使用范围或使用区域扩大。早年，中文在境外的传播一般表现为自然的人际传播，如今的中文国际传播是我国主动通过统筹内外、协调上下而向外传播中文及中华文化的有意识行为。21世纪初，随着中文国际传播事业的快速发展，中文国际传播研究受到关注。中文国际传播对促进人类文明多样性、提升国家软实力有着重要意义。

综合考虑中文国际传播的历史事实、未来的发展方向和当前学界的认识，中文国际传播有狭义和广义之分。着眼于传播途径，狭义的中文国际传播专指国际中文教育，或者说教育领域的中文国际传播；广义的中文国际传播指国家、组织或个人等多元传播主体通过各种领域、场域、媒介等进行的中文传播。着眼于传播内容，狭义的中文国际传播指中文语言的国际传播；广义的中文国际传播则包括中文及其承载信息的国际传播，特别是中华文化的国际传播。本书持广义观点，认为中文国际传播是多元主体通过多种途径和方式进行的中文及其承载信息的对外传播。

本书共五章。第一章为国际传播概述，从国际传播的基础概念、国际传播的基础论题、国际传播的主客体、国际传播的认知定位、国际传播的内容与媒介五个角度进行论述；第二章阐述中文国际传播现状，分为四节：基于传播学的中文国际传播、华人社区的中文传播——以美国华人社区为例、当代中文国际传播的机遇、当代中文国际传播的发展对策；第三章为基于文化翻译的中文教学，共包含三节内容：文化教学的原则和策略、文化翻译教学理论建构、中文教学中的本土身份重构；第四章介绍国际中文教育研究状况，从国际中文教育的基础概念、国际中文教育与跨文化理论、高校国际中文教育问题研究、国际中文教育的发展策略四个方面进行阐释；第五章是海外华文文学研究概况，分为海外华文文学概述、世界华文文学发展历程简述、华文文学的跨语境传播、华文文学与文化认同。

在撰写本书的过程中，作者得到了许多专家、学者的帮助和指导，参考了大量的学术文献，在此表示真诚的感谢。由于作者水平有限，书中难免会有疏漏之处，希望广大同行和读者批评指正。

张 瑞

2023 年 2 月

目 录

第一章 国际传播概述 ……………………………………………………… 1
- 第一节 国际传播的基础概念 ……………………………………………… 1
- 第二节 国际传播的基础论题 ……………………………………………… 10
- 第三节 国际传播的主客体 ………………………………………………… 15
- 第四节 国际传播的认知定位 ……………………………………………… 32
- 第五节 国际传播的内容与媒介 …………………………………………… 38

第二章 中文国际传播现状 ………………………………………………… 47
- 第一节 基于传播学的中文国际传播 ……………………………………… 47
- 第二节 华人社区的中文传播——以美国华人社区为例 ………………… 59
- 第三节 当代中文国际传播的机遇 ………………………………………… 74
- 第四节 当代中文国际传播的发展对策 …………………………………… 78

第三章 基于文化翻译的中文教学 ………………………………………… 90
- 第一节 文化教学的原则和策略 …………………………………………… 90
- 第二节 文化翻译教学理论建构 …………………………………………… 99
- 第三节 中文教学中的本土身份重构 ……………………………………… 106

第四章 国际中文教育研究状况 …………………………………………… 111
- 第一节 国际中文教育的基础概念 ………………………………………… 111
- 第二节 国际中文教育与跨文化理论 ……………………………………… 118

第三节　高校国际中文教育问题研究……………………125
　　第四节　国际中文教育的发展策略……………………128

第五章　海外华文文学研究概况……………………132
　　第一节　海外华文文学概述……………………132
　　第二节　世界华文文学发展历程简述……………………137
　　第三节　华文文学的跨语境传播……………………147
　　第四节　华文文学与文化认同……………………152

参考文献……………………155

第一章 国际传播概述

近些年,我国在国际传播领域获得了迅速的发展,媒体的国际传播能力在诸多方面得到了很大的提高,如国际信息的采编、媒体平台的搭建、多媒体内容的制作以及国际受众的覆盖面等。但是,对于国际传播的基本理念,我们必须进行理性的思考与审视。在此基础上,系统地总结经验教训,在新的历史条件下,构建具有中国特色的国际传播理论体系,从而有效推动国际传播的理论转型与实践转向。本章为国际传播概述,分为国际传播的基础概念、国际传播的基础论题、国际传播的主客体、国际传播的认知定位、国际传播的内容与媒介几方面内容。

第一节 国际传播的基础概念

一、国际传播的基本内涵

(一)国际传播理论的起源

国际传播理论的来源可以追溯至第一次世界大战时期。在第一次世界大战以前,西方国家首先认识到以广播为代表的电子传播技术具有的重要性。第一次世界大战的爆发将大众传播范围迅速扩大到了国与国之间,交战国双方为了取得战争的胜利进行了对内、对外两种宣传。对内宣传主要是为了鼓舞士气、进行战斗动员,对外传播则主要是为了扰乱敌方军心、瓦解敌人斗志。正是第一次世界大战交战国之间展开的这种对敌宣传,将本来对内的大众传播扩展到国际关系领域,成为国际传播最早的实践应用。而第一次世界大战所导致的世界格局的调整和国际关系的重构,也使国际传播从国际关系的从属地位中逐渐脱离出来,成为一门独立的学科。

（二）中国国际传播的兴起

中华人民共和国成立不久，毛泽东针对新华社的工作，提出新华社应该做到在世界各地都有自己的记者，发出自己的消息，"让全世界都能听到我们的声音"①。当时，我国的对外宣传主要在社会主义国家和亚非拉第三世界国家进行。改革开放后，我国与世界的沟通交流迅速加强，"让世界了解中国"的意识日益增强。20世纪80年代，国际传播的概念传入中国，但只局限于学术研究。1991年，中共中央对外宣传办公室成立，同时作为国务院新闻办公室，这标志着我国的国际传播事业已经成为国家层面上的共识和行动。此后，西方国际传播理论逐步被纳入高校传播学专业课程体系。

2009年，中央启动国际传播能力建设工程，中央主要媒体，特别是对外宣传媒体，如《人民日报》（海外版）、中央电视台、中国国际广播电台、《中国日报》等迅速发展。实力较强的地方媒体以及边境省份的媒体也开展了对外传播活动。

我国对外传播从最简单朴实的书刊、报纸到连接地球村的互联网，媒介组织结构、媒介传播内容、媒介传播平台、信息表现手段日新月异，构成我国对外传播几十年来的生动历史画卷。"近年来，中国的对外传播展现出更为积极主动的姿态。从当前来看，国力的增强、外交关系的融洽、文化的特质性以及中国模式的成功等都为我国的对外传播打下了前所未有的坚实基础，然而如何才能由'走出去'步入'走进去'的新境界，一直是我国对外传播最主要的努力方向。"②

（三）国际传播的基本特征

1. 传播主体的国家性

国际传播不同于一般的大众传播，被称为"国际政治传播"，其首要特征就是以国家作为行为主体，并且受到国际关系、双边关系的制衡和制约。

2. 服从国家利益

国际传播必须服从国家利益，以维护国家利益为出发点和落脚点，以输出国家价值观为主要传播内容，以价值认同为主要传播目的，让其他国家和国际受众

---

① 中共中央宣传部.中国共产党宣传工作简史：上卷[M].北京：人民出版社，2022：402.
② 朱鸿军，刘向华."走出去"到"走进去"：对外传播新境界的新媒体作为[J].对外传播，2017（9）：7−9，41.

知晓、理解并逐步接受文化输出国的国家主张、国家立场，这是国家发展与安全的现实需求。在国际社会中，每个国家都有自己的价值取向和利益诉求，因此，每个传播主体在对国际事件进行事实性信息报道和意见性信息评论的时候都必然会将本国的价值观蕴含其中进行输出。

3. 传播的跨国化

国际传播不同于一般的新闻信息传播，它需要融通中外，进行跨文化交流。我国的国际传播要努力做到"中国立场、国际表达"，尽可能减少简单的中式表达方式，应当坚持"内外有别""外外有别""一国一策"，根据不同国家、不同受众的差异化需要，运用适宜的表达方式，谈论他们所关心的话题，说他们能够理解的语言，从而有效防止概念化和程式化，避免将对内报道机械地变成对外报道。

4. 传播渠道多样化

国际传播中的传播渠道包括媒体传播、人际交往等。媒体传播渠道包括传统媒体，如报纸、广播、电视，也包括互联网社交平台等新兴媒体。在传播渠道日益多样化的今天，要实现传统媒体与新兴媒体的合作传播，更应该重视新兴媒体的传播渠道，实现新媒体的好感传播。

国际传播的重要渠道有以下几种：

政府平台：外交、军事等政府平台。

机构平台：企业、事业等机构平台。

学术平台：高校、智库等学术平台。

媒体平台：新旧媒体平台。

互联网平台：包括全球用户规模最大的社交媒体——脸书（Facebook），国际社交媒体舆论阵地——推特（Twitter），全球最大的视频平台——优兔（YouTube）等。

这些渠道各有特点，例如脸书的核心特征是基于人际传播，是重要的半公域传播平台；推特以热门搜索和话题传播为核心，算法更偏爱优质的新近性内容；优兔有 4K 和 8K 清晰度视频上传和播放、自动识别语言转换字幕等技术支持，适合用高质感或强互动的视频内容讲述国际传播故事。这些渠道为国际传播提供了广阔的空间和多样化的选择。

（四）国际传播的概念

国际传播的概念在 20 世纪 80 年代传入中国以后，新闻传播学界从多个角度对其进行了界定。美国国际传播学者罗伯特·福特纳（Robert Fortner）指出，国际传播的简单定义是超越各国国界的传播，即在各民族、各国家之间进行的传播。[①] 北京大学国家战略传播研究院院长程曼丽指出，国际传播是指以民族、国家为主体而进行的跨文化信息交流与沟通。[②] 关世杰认为，广义的国际传播包括跨越国界的大众传播和人际传播，狭义的国际传播仅指跨越国界的大众传播。[③]

国际传播的已有概念大体上较为一致，就是以大众媒介为传播手段的国际信息交流活动，传播主体是国家政府和从事国际传播活动的媒体，当前的研究多是基于狭义的国际传播展开的。本书重点围绕以媒体传播为渠道的跨国传播活动展开论述，也对以政府、企业、非政府组织和个人等为主体的传播活动加以阐述。

二、国际传播的创新发展

我国在当前"政治多极化、经济全球化"的新国际格局中的迅速发展为国际上新理念、新模式的出现提供了广阔的空间。新媒体技术以互联网为基础，已成为国际传播中的重要生产力，其引发了全球范围内的传播学研究以及媒体产业的革新。在这些要素的相互作用下，我国国际传播的理论和实践已经发展到了一个关键阶段，需要提出蕴含时代特征和中国精神的新思想。同时，进行理论创新和实践探索的必然性已经更加突出。

（一）新媒体社会

许多新的媒体形态的诞生均得益于新媒体技术的发展，如网络技术、数字技术和移动通信技术等。以互联网、社交媒体、移动终端等现代通信手段为代表的国际传播新手段，已经突破了不同国家传播政策以及技术标准的束缚，重新定义

[①] 福特纳.国际传播：全球都市的历史、冲突及控制[M].刘利群，译.北京：华夏出版社，2000：1.
[②] 程曼丽.新形势下我国国际传播战略的调整[J].新闻爱好者，2022（5）：11-13.
[③] 关世杰.国际传播学[M].北京：北京大学出版社，2004：2.

了传播学界关于信息传递、受众、媒介权力等的概念，在世界范围内革新了传统的社会生态与人们的生活方式。

1. 国际传播主体与渠道的革新

随着新媒体技术和大数据的发展，社交媒体和移动终端正在实现一种全新的传播方式——"所有人对所有人的传播"，这种方式使国际传播的主体和渠道更加丰富和多样化。

社交媒体在新媒体发展中具有举足轻重的地位，它的出现极大地降低了传播的成本和技术门槛，同时也强化了个人传播的主体性和自主性。伴随着移动通信技术的不断进步，越来越多的人开始采用移动设备浏览信息，而这已然成为一种趋势。社交媒体和移动终端的广泛应用使大众传播能够深入人们的生活，实现全方位的传播覆盖。而这恰恰也使"媒介化生存"这一预言成为现实。

2. 传播要素和功能的变革

伴随着新媒体的不断发展，越来越多的情感、价值和思想对话已经融入信息传递的过程中。在传统媒体时代，受众只是单向地接收新闻信息。但现在情况变得不同了，传播行为已经越来越普遍。因此，传播者和接收者这两个角色之间的边界也开始渐渐地变得模糊。

在新媒体时代，国际传播中的"媒介权力"这一概念正在被"媒介服务"取代，而这也导致了"受众"这一概念被"市场意识"替代。在社会学领域中，原本的人际网络和社会环境正在经历变革。新媒体逐渐成为社会主流的标准配置。这种变化正在塑造一种更加中立、具备更高理想要求的传播观念。因此，为了更加确切地"表达世界"，国际传播从业者需要转变原有的思维模式和传播方式，以使传播内容更符合新型受众的"传受一体化"需求。

3. 人工智能重塑国际传播的价值

在智能媒体时代，国际传播力往往作为一种更加直接的实力被体现出来。人工智能的机器生产内容、算法与智能推荐、智能语音与语义识别、人机对话与人机协作、机器深度学习以及大数据的内容标签化和关系画像化等技术，对传播内容、渠道和对象进行重塑，有效促进对外传播从移动化、社交化向智能化、数据化转变。媒体利用大量的数据和先进算法，可以更为敏锐地感知潜在的危机和风险，并以高效准确的方式生产和分发信息。同时，媒体还可以利用其国际传播能力对公众的行为和观念产生影响,从而对其他国家或者国际社会施加一定程度的影响。

在全球范围内,媒体智能化正在迅速发展。我们需要研究如何将人工智能应用于新闻的采集、生产、分发、接收和反馈;需要适应国际传播领域的移动化、社交化和可视化趋势,加快对外传播话语体系的建立,以自身的综合国力为基础,形成与之相适应的国际话语权。

(二)国际格局的变化

倘若说,能够有效推动国际传播理论变革的因素是以新媒体为代表的先进生产力,那么变化的国际格局则会要求建立与之相适应的国际传播秩序。国际关系中所发生的各种变化,国际传播格局中的历史发展,清晰地体现在以下三个时期中:

第一个时期:两次世界大战时期。第一次世界大战被称为"第一场运用大众传播手段作为宣传工具的战争",在战争期间以及战后,电报、电缆和国际广播均发挥了十分重要的作用。自20世纪20年代起,许多国家,如荷兰、德国、英国、美国、苏联等,开始建立国际广播设施,通过无线电来传播政治理念、外交政策。在这一时期,国际传播的主要功能是战争动员和战争宣传。而侵略与反侵略国家之间的舆论争夺则成为这一时期国际传播格局所呈现出的基本特征。

第二个时期:"冷战"时期。第二次世界大战结束后,丘吉尔发表了著名的"铁幕演说",反法西斯同盟分化为社会主义和资本主义两大阵营,以美苏争霸为标志的"冷战"拉开序幕,一直持续到20世纪80年代末90年代初的苏联解体和东欧剧变。这一阶段的国际传播以宣传意识形态为主要功能,社会主义阵营与资本主义阵营之间的舆论博弈是这一时期国际传播格局的主要特征。

第三个时期:政治多极化和经济全球化阶段。在苏联解体和东欧剧变后,国际关系的总体格局改变。加拿大传播学者赫伯特·马歇尔·麦克卢汉(Herbert Marshall McLuhan)提出的"地球村"理念在这一阶段基本得以实现,成为"经济全球化"理念在传播学界的背书。

随着国际关系的发展变化,我们需要清醒地认识到,源于西方的国际传播理论已经无法适应我国目前面临的新的国际传播形势。因此,必须建立与我国当前现实情况相适应的国际传播理论体系。

（三）中国的迅速发展

当前，中国是世界第二大经济体、第一大工业国、第一大货物贸易国、第一大外汇储备国、第二大对外投资国、第二大外资流入国。中国因对全球经济增长做出突出贡献而被称为"世界引擎"。

伴随着中国的迅速发展，世界越来越关注中国。在传播领域，中国逐渐走近世界舞台的中央。2019年，中国GDP（国内生产总值）总量近100万亿元人民币，全年进出口总额超过31万亿元人民币，创历史新高，连续11年成为全球第二大进口市场，进口额占世界进口总额的10%以上。国际金融危机以来，中国进口贡献全球进口增量的1/6，是全球经济复苏的助推器和稳定器，已经是120多个国家和地区的主要贸易伙伴。麦肯锡（McKinsey）咨询管理公司2019年7月发布的《中国与世界：理解变化中的经济联系》的报告认为，从贸易、技术和资本三个维度来看，世界对中国经济的依存度在相对上升；[1] 人员方面，教育部数据显示，2019年度我国出国留学人员总数达70.35万人；国家移民管理局数据显示，2019年全国出入境人员达6.7亿人次。很多国家的流行语中出现了一系列"中国概念"的新词汇。

中国的快速发展备受国际社会的关注。中国在经济、外交和国防等方面的发展一直是世界各大媒体报道的热点话题。许多发展中国家迫切渴望学习中国的成功经验，并且试图模仿中国的发展模式。一些发达国家也在积极向中国学习国家治理、经济管理和运行机制方面的实践与经验。许多国家对中国的未来发展与合作前景非常关注，期待能够借此机会获得自身的发展，中国的治理体系与治理能力现代化逐渐获得了世界的赞扬。

中国的发展在国际传播格局中产生了深远的影响。如今的国际传播话语体系和资讯供给机制已经不能恰当地描述中国的发展模式和国家形象。从更深的层面来看，其也无法满足全球对中国信息的深入需求。因此，中国媒体有责任向全球介绍中国的发展变迁，提供客观的信息内容，不仅如此，还应当积极地向外界介绍中国所取得的经验，向全世界展现一个真实的、立体的、全面的中国。与此同时，中国应当向全球清楚阐释自己的发展能够为世界带来什么，除了给各国提供

---

[1] 中国人民大学全国中国特色社会主义政治经济学研究中心.中国政治经济学年度发展报告：2019[J].政治经济学评论，2020，11（3）：3，222.

惠及生活的市场商品，中国还在创造全新的发展机遇，分享发展经验，提供能够有效解决问题的方案。目前，我们应当展示出中国历史底蕴深厚、各民族多元一体、文化多样和谐的文明大国形象；政治清明、经济发展、文化繁荣、社会稳定、人民团结、山河秀美的东方大国形象；坚持和平发展、促进共同发展、维护国际公平正义、为人类做出贡献的负责任大国形象；对外更加开放、更加具有亲和力、充满希望、充满活力的社会主义大国形象。以上所有这些，都需要发挥出新的国际传播理论的建设作用。

（四）国际传播学界

我国有600余所高校开设了新闻与传播学类专业课程，专职教师约有7000名。[①] 许多国际传播学领域的学者都具备坚实的理论基础，拥有丰富的研究经验。与此同时，中央广播电视总台、新华社、中国外文局、中国新闻社等中央和地方媒体，以及一些跨国企业，如"四达时代"和"蓝色光标"等，都积累了丰富的国际传播经验。它们根据自身特点在国际传播领域中竞相发力，向世界讲述关于中国的故事，同时在报道国际热点和焦点问题方面积累了大量的实践经验，并进行了理论层面的深度思考，这为国际传播领域的理论创新打下了良好的基础。

三、构建中国特色国际传播理论

（一）构建中国国际传播理论

国际传播学中的核心概念、基本逻辑、基础理论、派生理论和研究范式等都与当今的国际政治、经济、文化秩序密切相关。中国作为一个拥有五千多年文明史的东方大国，其国际传播实践和国际传播理论的产生土壤与西方有着极大的差异。因此，在分析中国当前的传播实践时，不能仅仅借助于西方的传播学理论，还需要关注我国的国际传播实践，建立起符合我国实际的传播学理论框架。我国的国际传播要传达具有客观真实性的信息，将中国的内容作为传播的主题，立足于报道中国的政治、经济、社会变化以及具有多元丰富特点的中华文化等内容，以满足世界对当代中国的认知需求。通过传播观点性的信息，以中国价值为主题，

---

① 陈尚达.应用型本科新闻传播学类专业人才培养模式改革探索与实践[J].皖西学院学报，2016，32（4）：34-40.

倡导中国的价值观，并运用中国视角和中国声音，独立自主地对中国事件以及国际信息进行阐释与说明，从而表达出中国的观点、主张。通过传播中国美学元素，传播内容能够变得生动有趣、引人入胜，达到引起情感共鸣的传播效果。相应地，具有中国特色的理论转型，就是将中国作为传播的研究主体，着眼于探索中国对外传播的基本原理，并提出中国对于国际传播的基本观念。

"中国化"的国际传播，意味着要将中国国际传播的现实作为出发点，并以人类命运共同体的理念作为指导，在描述、分析和评估国际国内新闻事件时，始终保持中国立场。它并非完全否定以前传播学所获得的各项基础成就，而是提出中国应该拥有自己独立的国际传播理论和观点。随着中国走向世界舞台的中心，中国既肩负着传播知识的责任，也具备了为全球传播学做出贡献的实力。

（二）从概念阐释到实证研究

从现实层面来看，西方的传播理论是基于他们的研究者在实践中所获得的经验，并深深植根于他们的文化土壤中。因此，为了建立适合我国的传播学理论，必须对我国的国际传播实践进行深入的探究，以最基础的实证调查、数据分析和案例分析作为切入点，通过进行大量的观察、调查、实验，来获取客观数据和事实，从特殊到一般，从现象到本质，概括出中国视角下国际传播的本质属性与发展规律，从中提炼出基本概念、理论原理、逻辑体系和学术主张。

经过数年的对外传播实践，尤其自2009年中央从战略高度积极推动国际传播能力建设以来，我国的国际传播理论研究取得了长足的进步，并不断强化其自主性和系统性，进入了"理性自觉"的阶段。传播学领域应该致力于探索世界各国丰富的国际传播实践，与业内专家一起及时总结归纳各国的国际传播经验，提出理论建议，为国际传播工作提供指导。从事国际传播工作的媒体工作者还应当积极参与国际传播学界的创新和发展活动，为推动国际传播理论的进步与发展贡献力量。

（三）体系化、学理化研究

体系化、学理化研究指的是将零散且仅基于个人感性认识的观点和思想进行逻辑化、系统化的学术研究，进而创立一个独立的理论框架，从而形成一套完整的从概念到逻辑再到体系的理论学说。

在国际传播的基础概念里，我们需要先理解"对外宣传""新闻传播""国际传播"这三个概念的含义，能够对它们加以区分。这三个概念产生在不同的历史背景下，因此，它们各自的内涵、范围和重点也不同。"对外宣传"侧重于传递宣传者的主张，着重于信息的传达效果，是一种单向的传播方式，缺少信息的新闻价值与传播的互动性。"新闻传播"是针对最近发生事件的情况进行报道和传播的过程。新闻的要旨在于以客观事实为基础，利用传播手段进行报道和传递，从而生成信息。然而，实际事实并不能被视为新闻，新闻是一种经过报道者主观反应后形成的观点信息。倘若说"新闻传播"强调的是以采访者、编辑为中心，突出的是以传播者为主导的这一特点，那么"国际传播"则侧重于通过各种大众传媒，跨越国界进行国际信息的交流和互动。"国际传播"以受众为中心，重视双向互动，因此其内涵更为丰富，其意义也更为深远。

从目前来看，我们需要在对"对外宣传"和"新闻传播"进行经验总结与提升理论水平的基础上，对我国国际传播进行体系化和学理化的研究，应当重点做好"国际传播"方面的研究，建立、丰富与完善适合我国国情的国际传播理论体系。

第二节　国际传播的基础论题

党的十九大报告指出，中国国际传播进入新的发展阶段。目前，中国国际传播能力建设水平迅速提升，国际舆论环境逐步改善，同时也面临很多新情况，迫切需要以习近平新时代中国特色社会主义思想为指导，进行科学的分析探讨，解决理论上、实践上的基础性问题。

我们需要深刻理解国际传播的基本矛盾、基本理念、基本建设和基本主线，将加快国际传播能力建设作为重要任务，发挥与中国国际地位相当的国际影响力、感召力和塑造力，从而提高中国在国际社会中的话语权。当前，我国需要加强对国际传播、本地传媒、用户需求和媒体运营的重视。我们迫切需要建设国际顶尖的新型主流媒体，尤其对于内容建设应当格外重视；创建自主的全球新媒体传播平台，以推动体制机制的创新。

一、国际传播要树立的基本理念

（一）遵循国际传播基本规律

从对外宣传转变为国际传播是我国对外传播理念所提倡的。新时代背景下的国际传播，应当强化国别意识，真正做到内外有别和外外有别，从而使国际传播工作能够有针对性、有目的性地顺利开展。

要提升国际传播意识，关键在于遵循国际传播规律。国际传媒集团在进行国际传播时，采用了多种策略和实践方法。其一，国际化布局包括范围广泛的信息采集，覆盖全球的新闻报道，国际化的管理运营和传播影响。其二，实现融合化发展的路径是将传统媒体和新兴媒体结合起来，分别进行建设和互动发展，最终实现两者之间的融合，并形成新型媒体。其三，共情化传播的实现，需要确立精准的议题设置，制作引人入胜、独具新意的传播内容，形成具有自身特点的风格。其四，本土化运作涵盖了多个方面的本土化，如内容层面、人才方面、运营领域。其五，品牌化的建设主要是由三个方面组成的：使机构品牌规模能够得到扩大；使载体品牌能够得到加强；使品牌知名度得到提升。我国媒体需要不断提升对国际传播的认识，创造出适合中国媒体特色的传播理念、管理模式以及运营方式，从而使国际传播的传播力、引导力、影响力和公信力得到切实有效的提升。

（二）完善海外媒体布局

在国际传播中应当强化海外主战场的意识，同时实现对外传播。在国际传播战略的布局中，对外传播要将主要阵地前移到目标国家或地区，重点在于加强对海外媒体的布局，使国际传播的覆盖范围得到扩大，从而使传播的针对性与贴近性得到有效提升。必须将国家发展战略和外交总体布局作为依据，对具备优势的海外媒体资源进行集中利用，并在重点国家和地区进行布局。遵循"一国一策"的原则，紧密围绕外交重点国家和"一带一路"共建国家对媒体进行布局。与此同时，在运用联合国通用语言的时候，应突显使用非通用语的本土语言优势，增强全媒体多平台对相关国家首都、政治和经济中心等城市的覆盖；重点做好七国集团（G7）、二十国集团（G20）重点国家、周边重点国家以及"一带一路"共建国家的传播布局。

（三）强化用户导向

在新的时代背景下，国际传播需要从受众意识向用户意识进行转变。同时，应当适应媒体融合的发展趋势，充分利用互联网思维来开展国际传播的相关工作。在传统媒体时代，信息是由传媒机构主导传递的。而在新媒体时代，信息则由受众自主选择和传播。因此，当前媒体发展的应有之义和国际传播的重要理念就是用户意识。

随着媒体形态的不断变化，内容产品生产正在从传统模式向智能化模式转型，这有助于实现更加准确、有效的传播。根据《2022年全球数字概览》的报告，全球社交媒体用户数量超过46.2亿，并且呈现出持续增长的发展趋势。尽管中国媒体已在脸书、推特、优兔等多个平台注册账号并进行内容的发布，其中包括文字、图片和视频等不同元素，然而，由于没有对国外用户的需求进行精准的把握，其内容缺乏足够的针对性、贴近性。对于用户意识的提升，可以通过以下途径进行：

第一，积极关注国际用户的反馈信息，有效促进双方的交流互动。

第二，应当尊重用户的情绪表达权利，并根据他们的特点，有针对性地与他们进行沟通。

第三，对于用户的需求和兴趣应进行深入的了解，重点关注用户调研分析情况，并及时对内容和策略进行调整，使用户的黏性得到强化，从而扩大对外传播的影响力。

（四）做大做强媒体

在当今时代，要想在国际传播领域取得一定程度的进步与发展，就需要拥有运营意识，逐步实现从事业体制向市场机制的调整。目前，国际媒体普遍采用的是商业化运营模式，这已经成为当前的一种趋势。商业化运营强调的是以市场为导向，以满足受众需求为中心，致力于贴近度的加强和灵活性的提升。以BBC国际新闻电视频道（BBC World News TV Channel）为例，作为英国电视国际传播的旗舰频道，BBC国际新闻电视频道不仅引导了国际话语权，还带来了可观的经济收入。从某种程度上来说，只要市场存在，国际传播效果就存在，因为市场提供了一个可持续的传播平台。

强大的运营能力包括市场开拓能力和管理能力。以全球最大的网络电视平台美国奈飞（Netflix）为例，2019年该公司已进入全球190多个国家和地区，全球付费订阅用户总数近1.5亿，在许多国家稳居市场首位。2019年5月，它在法国网络电视业务领域的订阅用户份额排名第一，高达57.3%。[①]托尼·霍尔（Tony Hoare，英国广播公司前总裁）指出，自20世纪70年代以来，英国广播公司还从未遭遇过如此严峻的形势，一些新兴的媒体巨头，如美国奈飞、脸书、亚马逊等，带来了极大的挑战。因此，中国媒体需要增强运营意识，采取以市场为导向的运营方式，有效提高自身的媒体运营能力。

二、国际传播要抓好基本建设

为了适应国际传播环境、媒体技术环境的不断变化，我们需要从媒体自身建设、内容建设、平台建设以及机制建设等方面来推进国际传播的基本建设，进行基础设施的升级和完善，从而使传播能力得到提高。

（一）打造外宣旗舰媒体

要着力打造具有较强国际影响的外宣旗舰媒体，这是国际传播媒体基本建设的重要遵循。观察全球主要国际媒体的发展情况，发现其多数采用集团化的模式。其中，英美媒体的发展经验可以为我国媒体的发展提供一定程度的参考和借鉴。

打造外宣旗舰媒体是一个以中央为统筹、媒体建设为核心、差异化发展为特点、融合发展为助力的发展理念，是推进国际传播能力建设的重要实践路径。国际传播媒体建设的一个重要任务就是打造具有较强国际影响的外宣旗舰媒体。我们应当积极借鉴国际主要媒体集团的成功经验，使外宣旗舰媒体的建设得到稳步推进。

1. 多种媒体共同发展

走多种媒体共同发展之路，正如时代华纳等媒体集团拥有电影、电视、出版等多个媒体形态。这种多元化的发展策略不仅可以扩大影响力、提高市场份额，还可以通过各种媒体形态之间的互动和协同，创造出更丰富、更具吸引力的内容。此外，这也有助于媒体集团在面临市场变化和竞争压力时，能够更好地调整战略，保持竞争优势。

---

① 何晓燕.Netflix的全球战略与"中剧"登陆Netflix的理性思考[J].编辑之友，2020（8）：102-108.

2. 多元化运营

走公司化、产业化、市场化之路，推行多元化的经营管理策略。比如迪士尼的主要业务包括玩具、图书、电子游戏、传媒网络、娱乐节目制作以及主题公园等。这种多元化的经营策略使这些公司能够在各个领域都有所涉猎，从而实现业务的多元化和公司的国际化。

3. 夯实品牌化发展基础

通过进行科学明确的定位，利用规划设计、建设管理和推介营销等方式，塑造品牌的核心价值和文化理念。媒体的集团化是确保其发展的重要基础，而要想获得消息传播、指导引领、塑造自身的影响力和公信力的效果，关键的环节就是品牌建设。2018年3月，中央广播电视总台成立，象征着中国在建设国际一流的现代传媒平台方面迈出了新的步伐。中央广播电视总台自成立以来，始终对媒体发展态势积极进行把握，不断推进多媒体、多元化和品牌化建设，获得了显著的成效。

（二）突出抓好内容建设

在当代，加强内容方面的建设使国际传播的内容供给侧结构性改革能够得到全方位的推进，是中国国际传播的主要任务。基于此，我们需要充分遵循传播规律，使受众的需求得到满足。同时在其他方面不断探索，如探索多元化的内容传播，使报道更具有专业性，使表达能够发挥出技巧性等，从而讲述好中国故事，讲述好人类命运共同体的故事。

我们应当加强国际传播内容的顶层设计，利用各种媒体来构建强有力的传播平台，从而有效提升内容建设的品质与水准，主要应做好以下几个方面的工作：

1. 做好中国国情和成就的对外传播

向世界展现发展中的中国，展现中国发展方案和智慧，有利于国际社会认识一个真实、立体、全面的中国。

2. 呈现良好的国家形象

呈现良好的国家形象主要是向世界展现中国的文明大国形象、东方大国形象、负责任大国形象、社会主义大国形象。

3. 遵循"一国一策"原则

为了提高传播效果，我们需要深入了解每个国家的历史、文化和现实情况，并在对外传播中去探寻两个国家之间的利益和情感共鸣点。同时，也需要重视传播对象的需求，让传播的内容更加贴近他们的兴趣爱好，以此来提升传播的实际效果。

4. 共情化的表达方式

在新的时代背景下，我们需要更多地采用兼具包容性和人文关怀的报道方式来进行对外传播。这意味着我们需要通过讲述真实事件和情感故事的方式来展现中国，并且要以国外受众能够理解的方式、能够听懂的语言来开展传播工作，以期在国外受众中引起情感共鸣。

5. 加强国际传播议题管理

我们要借助重大主客场外交对议题进行设置，对舆论进行引领。具体而言，要有效提升议题设置水平，提高策划能力，主动发声，对于国际舆论进行积极的引导，从而获得国际传播的主动权。

（三）建立与国际传播相适应的体制机制

国际传播是一项庞大而复杂的体系工程，需要树立国际化宣传意识，促进驻外使领馆、媒体驻外机构、海外中资企业、旅游服务机构及海外华人等方面的协作互动，共同努力。需要强化战略规划，从宏观的国际传播布局出发，加快整合海外资源，充分发挥其优势和协同作用，形成全方位、立体、高效的国际传播体系。建立与国际传播相适应的人力资源、财政、税收、外事管理机制，对于实现国际传播的有效性具有重要的保障作用。为了符合媒体发展和国际传播规律，需要改进薪酬体系，并消除人才方面的诸多限制，使媒体运营更加灵活，能够充分发挥每位员工的才能。要逐步将财政投入改造成为国际传播基金，通过非政府组织（NGO）在海外进行国际传播。以国际传播主战场在海外的实际情况为依据，为在海外工作的人员提供更多的外事便利。

第三节　国际传播的主客体

一、国际传播的主体

主体是国际传播的基本构成要素，它不仅是发起国际传播行为的起点，也是影响国际传播行为走向的中心。随着经济全球化的不断深入和互联网技术的迅速发展，国际传播主体呈现多元化发展态势。

（一）概念

国际传播主体是指处在一定的国家传播制度环境下的组织机构、群体和个人，通过一定的传播手段，将某种信息跨国界传送给特定或不特定的人或组织。

从狭义上讲，国际传播主体是指作为主权国家代表的政府以及从事国际传播的媒体，如新华社、中央广播电视总台、中国新闻社等，该类主体在早期的国际传播活动中占绝对主导地位。从广义上讲，除政府和媒体，国际传播主体还包括企业、社会组织、民间机构、个人等。广义上的国际传播主体具有多元化的特征，尽管企业、社会组织、民间机构、个人等之间存在较大的差异性，但是这些主体在国际传播中发挥的作用越来越大，国际传播已经形成多种行为主体共同参与的传播关系格局。

国内外学者对国际传播主体的概念作了多种界定，有的学者将这些界定归纳为如下三类：

1. 国家主体说

国家主体说认为，"国际传播以国家社会为基本单位""国家政府组织是主要的信息发出者""国家借助传播媒介实施国际战略"。

2. 多元主体说

多元主体说认为，"国际传播是一个调查和研究政府、群体、个人利用技术（如何）传递价值观、观念、意见和信息的领域""国际传播是指两个或两个以上国家，或不同文化体系间的信息交流"。

3. 无主体说

无主体说更侧重于对国际传播现象进行描述，其认为"国际传播是超越各国国界的传播，即在各民族、各国家之间进行的传播"，突出国际传播中的自由度和创新性。

（二）主要特征

以政府和媒体为主的国际传播主体存在较多共性，主要包括以下几个方面：

1. 就传播目的而言

通常情况下，信息的跨国传播是由国家主导的，旨在宣传本国的国情、政策以及文化。其目的是通过塑造良好的国际形象来营造有利于国家的国际舆论氛围，从而维护国家利益和树立国家形象。

2. 就传播内容而言

在进行传播时，要表达的是一种观念或者一种价值观。因此，在构建内容时，需要采用以传达信息为目标的话语体系，并让国际传播主体起到主导的作用。具体到中国，就是讲好中国故事、传播好中国声音，将中国政策、中国主张、中国态度有效地传递到国际社会。

3. 就传播方式而言

就传播方式而言，国际传播主体一般会使用代表国家和政府形象的官方渠道（如新闻发布会、政府网站等）或主流媒体发布信息，其权威性和影响力都相对较高。但是，在新媒体时代，国际传播主体也在不断探索如何转变传播方式，以便更好地让其传递的信息被对象国民众接收或接受。

4. 就传播效果而言

从传播效果来看，国际传播主体在国家公共外交中扮演着重要的角色。在对国际舆论和政治格局产生影响的同时，国际传播主体也受制于国际政治权力。随着国际形势和传媒方式的改变，国际传播主体可以利用更多的传播渠道和方法来传播信息，而这些变化也会对传播效果产生相应的影响。

（三）主体间性：主客体的平等及其转化

主体间性是指在交往过程中所实现的人与人之间的统一性关系，强调一种互动空间、互动过程和互动结果。主体间性取代了传统的主客二元对立的思维方式，是当代哲学消解一元主体，用对话理性、交往理性取代主体中心理性的基础性论题。从认识论角度看，主体间性一方面指现实社会中人与人之间的现实关系模式，另一方面指人的认知结构之间的认知关系模式。

信息的发布者是国际传播的主体，而接收信息的对象则作为国际传播的客体存在。随着移动互联网和社交媒体的不断发展，传播的主体和客体之间的互动方式产生了巨大的变化，这导致传统传播学理论中的"受众"概念逐渐丧失了原有的意义，而客体主体化理论也随之产生。客体除了对信息进行接收，同时也是内容的生产者和信息的传播者。伴随着客体的逐渐强大和自我实现，传播主体和客体之间的互动关系也从主动、被动关系转变为平等、相互转换的关系。新兴的通信媒介和网络平台为主体和客体之间的相互作用和重新构建提供了许多可能。

就转化而言，传播主体与客体的互动表现为双向转化，两者相互依存。当前最普遍的实践是受众的声音越来越多地出现在媒体上，成为传播内容的组成部分；媒体也有意识地根据受众的意见调整传播内容、传播方式和传播渠道。

随着社交媒体的普及，传播客体的主体性得到了显著提升，传播行为呈现出更广泛的趋势。"产消者"（Prosumer）一词生动地描述了媒体消费者不仅是被动接收媒体产品的消费者，也是部分媒体产品的生产者，传播主体和客体之间实现了前所未有的平等关系。如今，客体已不再像传统媒体主导舆论时代那样被动地接收信息，取而代之的是每一个个体都能够自由地选择、发布和整合信息。因此，个体对信息的感知和理解已成为传播过程的必要环节。媒体也已经不再是信息传播的唯一来源，个体不仅可以将信息传播给更多人，还可以直接参与到新闻事件中，甚至影响事件的发展。

根据主体间性理论的启示，在进行国际传播时，我们需要采取一种辩证的态度，重视受众的主体性。借助合作传播的形式，实现与受众的平等交流和互动，满足受众的需求，促使国际传播的针对性和实效性能够不断提升。借助国外受众的视角来讲述中国故事，使其从传播客体转变为传播主体，实现从"我们讲述"到"别人讲述""合作讲述"的转变。这种方法更符合国外受众的思维方式和认知模式，更容易被他们理解和赞同。

2017年7月3日，中国国际广播电台与俄罗斯卫星通讯社及其广播电台联合开发的"中俄头条"双语客户端在莫斯科中国文化中心举行上线仪式。"中俄头条"每天制作50条中俄新闻，截至2020年4月下载量已突破650万次，对俄罗斯社会有很大的影响，得到了普京总统的充分肯定。[1] 这是合作传播的典范——能够很好地展现传播主体与传播客体之间的平等性、交流性与互动性。在此合作的基础上，中俄双方既是传播的主体，又是传播的客体。中俄双方可以利用"中俄头

---

[1] 田瑾，刘少华. 融媒时代中俄媒体合作传播新路径探析：以中俄头条App为例[J]. 传媒，2020（14）：50-52.

条"进行双语发布，建立一个更加开放、更加便捷的多功能新闻资讯服务平台，从而为两国人民相互了解、相互信任，巩固两国传统友好关系提供新的推动力。

（四）基本分类

国际传播行为的出现，主要是出于国家发展和对外交流的需求，在大部分人的认知中，国际传播主体是主权国家代表的政府以及从事国际传播的媒体。这一定义是较为狭隘的。但需要注意的是，国际传播主体其实是一个动态发展的概念，并不是完全静止不变的。经济全球化和媒体现代化使国际传播的观念有所调整和转变，国际传播主体也从"一元"为主拓展为"多元"共生，产生了广义概念的传播主体，即除政府和媒体外，企业、社会组织、民间机构、个人等都成了国际传播的参与者。中国国际传播主体可分为政府、媒体、企业、组织和个体五类，其中媒体虽有较强的政治属性，但是与完全意义上的政府传播不同。

1.作为国际传播主体的政府

在互联网技术出现前，国际传播的主导者是国家和代表国家行使管理职能的各国政府。政府传播，广义上泛指所有国家权力机构进行的信息传递与交流，狭义上专指行政机构进行的信息传递与交流。作为国际传播的主体，政府通过国家的官方媒体与大众媒体的传播活动以及组织国际性人文交流活动等，寻求世界各国对共同价值和文化理念的集体认同，并在此基础上形成国际社会的有序体系和可持续运行机制。

在国际传播过程中，政府既是信息传播者，也是传播行为的管理者，其职责在于维护国家的信息主权、树立良好的国际传播形象、将其他传播主体的行为纳入国家利益轨道、采用新技术以保证国际传播质量、加强国际传播领域中的合作等。因此，政府作为国际传播的主体，具有信源权威性、内容公共性、信息独占性、高度组织性等特点。

（1）信源权威性

政府作为主体开展国际传播具有非政府主体无法比拟的权威性，主要原因如下：

第一，政府是国家权力、国家意志的集中体现，是国家的法定"代言人"，国际层面关注的问题通常只有政府声音才具有决定事件走向的实质能力，其具备的影响力是最强的。

第二，政府拥有制定政策、法律法规的权力，其他政治组织、非政府组织或公民个人无法先于政府获得相关信息，因此，政府是关键信息的第一权威、准确的来源。

第三，政府各机构具有政治权力和行政职能，对各行各业的信息具有获取合法性和自由度，同时拥有专业实力和技术、体系支持，可以对信息和数据进行深层次挖掘，从而保证政府传播的信息全面、准确、翔实。

（2）内容公共性

政府作为国际传播的主体，在传播目的和内容上都有鲜明的公共性特点，主要体现如下：

第一，政府作为传播主体，代表的是国家，国家权益和本国民众的公共利益是政府首先需要考虑的。政府要着眼于社会长期发展和公民普遍、共同的利益来开展国际传播活动。

第二，政府传播的内容以国家公共事务和公共信息为主，偏向大主题、大事件，对内包括制度的确立和实施、改革和完善，宏观经济政策的制定与施行，基础设施及公共工程的建设与管理，义务教育、社会治安、国防、外交、医疗卫生、社会保障与福利、生态和环境保护、气象预报、公共舆论监督、公共价值伸张、公共理性建构、公共道德塑造等；对外包括世界政治、经济秩序构建，和平与发展，解决非传统威胁等。

第三，政府传播的内容本身基于民众共同参与的意见。民众的观点和意见是政策制定的重要参考，因此，政府在传播信息时，必须充分考虑到公众的需求和期望。

（3）信息独占性

与国际传播其他主体相比，政府在信息占有方面享有一定的合法独占性，国际传播赋予政府更多独占信息的必要性和重要性。政府信息具备三个要素：由政府机关所掌握，与社会管理、经济发展和公共服务相关，信息载体经过选择且相对固定。政府之所以独占信息，一方面是因为政府部门是一个独占性的主体，在社会中不存在竞争对象，自然成为信息资源开发、利用的主要组织者、提供者和使用者；另一方面是因为政府治理和干预的合理性与正确性，必须以信息的完备性与准确性为前提。

（4）高度组织性

政府在从事国际传播活动时，与其他主体相比更正式、更严肃，有严格的程序、规范和要求，也会通过行政手段、信息手段、法律手段和经济手段来控制传播效果。

第一，行政手段是通过强制性的命令、指示、规定等形式调节信息传播活动，如对媒体的创办进行审批、登记，直接或间接地资助媒体，给予倾向政府的优惠或特权等。政府建立新闻发言人制度，也有专门监管国际传播的机构，如我国设有国务院新闻办公室。

第二，信息手段是政府通过选择性地公布所持有的权威信息来管控传播行为。

第三，法律手段是指政府通过立法形式管理、规范信息传播活动，尤其是发生在本国的国际传播行为。

第四，经济手段是指政府通过参股、控股等形式，通过税收、拨款和制定相关的产业政策等方法，间接影响国际传播活动。

2. 作为国际传播主体的媒体

媒体从事国际传播活动，一方面，受制于其所属国家传播制度环境的影响，并为其所属国家和政府的利益服务，具有较强的政治属性；另一方面，媒体自身在新闻传播方面的属性决定了其从事国际传播活动时还具有覆盖范围广泛、生产内容专业、传播对象稳定等特点。

（1）较强的政治属性

在国际传播中，信息的生产、传播并不是一个纯客观的过程，通常体现着传播媒介及其所属国家、所代表机构的政治态度和立场。因此，无论是出于政府资助或支持的媒体，还是商业媒体，在跨国、跨文化传播中都服务于特定利益群体，具有较强的政治属性。

（2）覆盖范围广泛

无论是政府出于国际传播的需要，还是商业媒体出于自身发展的需要，在媒体行业国际化发展的进程中，世界主要媒体集团以收购、并购、合作等多种方式，让自己的媒体产品尽可能多地覆盖到可能带来利益或利润的世界各地。以美国维亚康姆集团（Viacom）[①]为例，该公司是涉及娱乐、新闻、体育和音乐的综合性跨国媒体集团，公司股票被《财富》杂志列为21世纪前10年中最值得购买的十大股票之一。维亚康姆确定的全球发展计划中明确表示，来自美国以外的收入要达到40%以上，并且推行多样化海外业务，包括电视网、电影推销、录像租赁、电视节目推广、图书出版、互联网业务、影剧院业务和户外业务，服务全球160个国家和地区的7亿多用户。2019年底，维亚康姆与美国哥伦比亚广播公司（CBS）合并，合并后的公司拥有庞大的内容库、电视观众群体和流媒体服务项目，并继续投资电影工作室等业务，不断扩大版图。

BBC国际业务是英国最重要的文化输出产品之一。据BBC官方网站数据，英国广播公司国际新闻电视频道可以在全球200多个国家和地区、3亿个家庭和180万个酒店房间中收看。

（3）生产内容专业

新闻与传播是需要专业知识和技能的行业，专业化的人员多数经过专业学习和职业技能培训，因此，媒体传播的信息能以更喜闻乐见的方式与受众见面，具有其他传播主体无法比拟的优势。官方话语起到定性、表态、激励的作用，媒体的报道则配上画面、目击者访谈、事件还原和解读、细节放大、历史事件梳理等，用专业的内容满足了未能亲历但迫切希望详细了解事件的民众的需求。

（4）传播对象稳定

从事国际传播的媒体大都具有相对稳定的传播对象（受众/用户），并且具有一定的受众忠诚度和影响力。根据BBC2018—2019年报，BBC国际综合台（BBC World Service，含电视、广播、在线、社交媒体）使用42种语言传播，周均触达人口约3.19亿。虽然经过近百年的发展，BBC的语言风格已经发生了很大的改变，但是其对于受众的影响始终很大。特别是它所提供的英语教学材料，内容广泛、形式新颖、发音纯正、表述地道，并配有大量的练习，能对学习效果进行检验，这些不仅给英语学习者带来了极大的便利，同时也极大地提高了BBC的知名度。CNN（美国有线电视新闻网）也通过"公民记者我播报"活动，吸引来自世界各

[①] 2019年8月13日，哥伦比亚广播公司和维亚康姆联合宣布，双方达成合并协议组建联合公司 Viacom CBS Inc.。2022年2月16日，Viacom CBS对外宣布已经更名为派拉蒙全球（Paramount Global）。

地的新闻爱好者向 CNN 提供一手新闻素材，并择优刊发到网站，部分素材核实真实性和重要性后在电视新闻中使用。CNN 收到国际受众上传的新闻报道过百万条，并且成功地建立了国际用户和 CNN 之间的联系和认同。

3. 作为国际传播主体的企业

经济全球化和媒介融合使跨国企业具备成为国际传播主体的基础，企业国际化发展的需求也促使其认识到国际传播的重要性和必要性，并主动参与到国际传播中来。例如，瑞士的银行和手表制造业、德国的汽车和精密仪器制造业、法国的时装和化妆品行业、美国的软件设计行业和好莱坞电影等，都成为国家形象的名片和软实力的组成部分；中国的阿里巴巴通过支付宝、跨境电商等国际业务，为不同市场、不同地区的客户提供同样优质、高效、可靠的服务，影响着众多海外商家。在考察作为国际传播主体的企业时，有学者将企业划分为跨国企业和非跨国企业、媒体企业和非媒体企业。在本书中，作为国际传播主体的企业主要是指经营媒体之外的其他商业活动、以营利为目的的跨国企业。

（1）传播战略服务于企业整体战略

企业参与国际传播的范围和程度受企业性质的制约，其传播对象的针对性较强。一般来说，非跨国企业因市场和用户主要分布在本国范围内，国际传播需求不高，参与国际传播活动属于偶发性、阶段性行为。跨国企业，如国际商用机器公司（IBM）、苹果（Apple）、通用电气（GE）等作为国际性的营利组织，其经营范围和用户市场遍布全球，加之经济实力雄厚，公关和营销部门齐全，所以会经常性、持续性地参与国际传播活动。这些企业在进入国际市场前，通常已经针对目标国家做过调查，并在此基础上制定企业发展战略，进而针对特定消费者群体开展国际传播活动，信息的指向性明确，较容易产生影响。

（2）企业传播选择性较强

企业开展国际传播，在覆盖范围、传播手段和传播对象等方面的选择性相对较强。这是因为：其一，企业国际传播是以市场为导向的，主要目的是进行品牌或产品宣传，故而宣传国别会选择目标市场所在地，覆盖范围有所侧重；其二，企业的国际传播通常会受到预算的限制，以广告性内容为主，因此在传播渠道的选择上会偏向大众媒体，配合会议、展览等宣传性手段；其三，企业传播的对象是利益相关方，客户、投资方和当地的权力机构是企业最重视和关注的传播对象。

（3）企业传播意识形态色彩较弱

企业国际传播受到商业行为属性的限制，以追求经济利益为主要目标，因此，企业会主动采取适应性原则，力求获得目标国家市场和消费者的认可，避免触碰政治和文化的敏感领域，淡化意识形态色彩。有的规模比较大的跨国公司很少与媒体进行直接合作，也不直接进行对外传播。与之相应，企业国际传播以产品或服务作为直接的、可接触的传播内容，传播对象通常会通过自己的消费者身份来看待企业主体的国际传播行为，所以不会像面对政府传播那样预设立场，因此受众更容易接受企业所传播的内容。

但是，中国企业特别是国有企业在国际传播过程中，仍要注意外交政治环境的转变，保持政治敏感度。

（4）企业传播与公关活动结合紧密

一般来说，企业成就不是引发国际消费者深度关心和客观解读的充分条件，因此，企业需要通过公关活动来获得利益相关方对企业在情感层面、道德层面以及信念层面的认可，从而使企业的品牌知名度和形象得到提升，为企业带来良好的声誉和更多的经济效益。公关活动可以增加人际接触，除了涉及信息之间的交流和共享，还能够建立更深层次的情感联系，从而更好地对信息进行传递，也有利于超越企业与利益相关者之间基于契约的利益关系，构建价值共同体。

4. 作为国际传播主体的非政府组织

非政府组织（NGO）是非营利性的、志愿性的公民组织，包括各种文化性、学术性、福利性的组织机构与社会团体，处于政府与私营企业之间的制度空间。按照世界银行采用的分类方法，非政府组织可分为运作型和倡导型两种，前者主要设计和实施与发展相关的项目，后者主要是捍卫和促进某一目标。

（1）客观性相对较强

非政府组织的成立是出于对人类可持续发展或社会公平、公正的关注，侧重于环境、动物、性别、社会现象、教育等领域，通常会在某领域进行相对深入的拓展。由于既没有政府的鲜明政治诉求，也没有企业的经济盈利取向，在国际社会上，非政府组织被定义为相对客观的传播主体，尤其是智库、高校等具有专业研究能力的非政府组织。具有专业研究能力的非政府组织一般会结合调查与数据，深入分析国际和国内社会高度关注的各类问题，着眼于问题的本质和深层次机理，及时满足人们想要了解事件真相的好奇心,给出普通人无法做出的尝试性解决方案。这种多角度、多维度对事件或问题的分析与呈现,是对官方话语、媒体话语的有力补充。

(2)专业领域内权威性强

非政府组织在专业领域的深耕使国际民众认可它们的权威性。作为政府与行业之间的中介机构,非政府组织拥有丰富的专业资源(某一领域的专家、学者、研究队伍)和专业信息渠道,同时因为其具有的公共、公益属性,所以方便从政府得到委托、授权和支持。以智库为例,其致力于为公众提供专业化且较为权威的信息,对许多问题做出科学、专业的解答,而非泛泛而谈。各国政府也因此更加重视非政府组织的专业性和权威性。

(3)组织活动机制灵活

非政府组织从事的团体性活动一般不与政治和经济利益捆绑,能够充分利用机制的灵活性。非政府组织一般通过参与社会公共事务来探索一些敏感问题或热点问题,而不用根据政府关注和媒体焦点来设置主题和议程。非政府组织开展国际传播的方式灵活,如参加或举办会议或论坛,向其他国家的官员或相关人士进行再传播;举办演讲会或接受记者采访,直接面对国际公众;还可以在报刊上发表评论和分析文章。非政府组织还特别注重运用新媒体传播技术,通常会开设网站、在社交媒体上开设账号或出版电子书等。

5. 作为国际传播主体的个体

随着经济全球化、信息化,以及签证自由化渗透到个体的日常生活,个体参与国际传播获得更大的赋权。从国际游客、国际学生、移民,到国际商务、文化、艺术精英,从国际消费者到社交媒体的使用者,个体参与国际传播的机会逐渐增多,程度和影响力不断加深。中国已成为世界上出国人数最多、最频繁的国家。与政府、企业和非政府组织作为国际传播主体有所不同,个体虽然具有交流直接和沟通充分的优势,但不可避免地也具备覆盖有限和信息耗散等特征。

(1)交流的直接性

个体作为国际传播主体通常会通过人际传播渠道,即由个体发起信息传播活动,对象可能是个体,也可能是群体,交流方式可能是面对面,也可能借助电子媒介等简单渠道,但整体来看都有显著的直接性。面对面的信息交流形式包括外事往来、国际旅游、海外留学、国际会议、学术交流、商贸交流、国际赛事、展览和演出等方式，在面对面交流的过程中，除了语言作为主要信息，个人形象、身体语言、人际距离、交流场景、实物等因素也会成为信息的补充，能给传播对象留下深刻的印象，不仅使交流变得更加充分，还能获得更直接的回复或反馈。

（2）沟通的充分性

基于个体国际传播中的直接性，主客体之间乐于也便于产生反馈，双方也因此能更充分地交流沟通。在自由、平等的氛围下，参与传播活动的个体的主动性得以充分调动。传播的及时反馈也有利于个体及时调整传播策略和技巧，提高传播的针对性。个人主导的国际传播互动频率高、互动性强，在沟通过程中，传播主体与客体的身份可以随时调整、交换，双方可以随时根据对方的反应修改、补充传播内容，或改变态度、方法，从而确保进行最充分的沟通。

（3）覆盖的有限性

个体开展国际传播时的传播对象基本上是确定的，除个人对多人的讲课、讲话等，更多的时候参与交流的人数是有限的或是一对一的形式，因此，个体国际传播的覆盖面具有一定的局限性。大众传播面向媒体信号辐射范围内的所有受众，尽管缺乏针对性，但遇到需要传递或必须传递的信息时，大众传播可以保证一定的覆盖面。媒介手段可以扩大个体国际传播的覆盖面，然而属于个案，如某位国际知名影视演员或政要的个人脸书、推特或优兔账号所发布的信息可能吸引过百万国际受众，甚至可能超过大众媒体的覆盖能力。

（4）信息的耗散性

除个别情况，多数个体国际传播主体属于无意影响他国受众的信息发出者，因此个体在国际传播活动中所发出的信息缺乏目的性、计划性和专业性。在个体主导的国际传播活动中，无论是主体有意表达还是无意传递的信息，其耗散程度都超过有组织、有规划的传播行为。个体国际传播的信息耗散性大，还因为个体谈论的话题具有较强的跳跃性和随意性，使传播活动的参与者对情感、态度的关注冲淡了对内容本身的关注。

二、国际传播的客体

客体是国际传播行为的落脚点，也是国际传播行为的反馈者。一直以来，国际传播客体广泛分布于不同的国家和地区中，具有各自不同的语言文化和社会历史背景，深受国际政治、经济和文化等因素的影响。不同国家和地区的客体，由于对某项国际事务的关切角度和关注程度不同，因此对相同信息所表现出来的接收意愿、解读方式及反馈行为等也会存在差异。

（一）概念

国际传播客体是指国际传播所面向的传播对象，主要指的是对象国（或目标国）的民众和国际社会的一般性公众，以及主权国家政府、国际组织和公司企业等。简单来说，国际传播客体就是国际传播中接收信息的对象，也是传播的目标，通常包括对象国的政府、媒体、社会组织、企业、个人等。国际传播与国内传播最大的区别在于客体差异，这直接决定了二者在传播内容和方式上的不同。

根据不同的标准，国际传播客体主要可以划分为以下四种类型：

第一，从传播主体的传播意图角度，可以将客体分为宣传对象、消费者、普通个人。

第二，按照客体对传播主体的重要程度，可以将客体分为重要受众、次重要受众、一般受众。

第三，从客体行为的发展过程来看，可以将客体分为潜在受众、知晓受众、行动受众。

第四，根据客体对传播主体的态度，可以将客体分为顺意受众、中性受众、逆意受众。这一类型是以传播客体对于传播主体的立场、态度为出发点来进行分类的，因此，也可以分为友好受众、中性受众和敌对受众。

（二）主要特征

已有学者对国际传播客体的特征进行了梳理，如程曼丽认为国际传播受众具有广泛性、复杂性和多样性的特征[1]。下面结合国际传播实践，对国际传播客体除广泛性、复杂性和多样性之外的其他特征做描述研究。

首先，客体复杂而多元，群体特征差异性大，语言、文化和政治立场不同，价值观念、思维方式、行为模式和风俗习惯各异，接收信息的环境、心理、媒体渠道和行为习惯不同，理解能力和个人偏好也存在显著差异，因此，对客体的研

---

[1] 程曼丽.论国际传播的底气与自信[J].新闻与写作，2020（6）：61-66.

究在国际传播中至关重要。目前，我们需要通过系统深入的剖析，以"因地制宜、因语制宜"的方式作用于客体，以求最佳传播效果。

其次，随着传播主体的泛化，客体也逐渐泛化。除了长期生活居住在对象国（或目标国）的民众、主权国家政府、国际组织和公司企业，国际传播客体还包括两部分特殊群体，即生活在本国境内的外国公民和居住在外国的本国公民（含华人、华侨）。这些群体在跨越国界和文化边界的互动中发挥了重要作用，对信息的再次传播和人际交流起着至关重要的作用。因此，国际传播应该特别关注这些群体。

最后，因为国际传播主体和客体之间存在地理位置、社会环境、价值观念等方面的差异，国际传播客体对主体不太了解，对传播内容的接受程度也不够高，所以很难做到理解和认同。客体对主体的认知大多停留在感性认知、个性认知和间接认知层面。因此，提升国际传播效果的基础是研究客体的认识规律和实现精准传播。

（三）客体间性：受众认识的间接性和易变性

客体区别于主体的内在本质属性是客体间性，表现在交往行为中是指客体所接收的信息源于主体的主观感受，即客体的认识整体上不是源于直接实践，而是源于主体的第二性，是对第二性的再次传播，因而更具有感性、片面性、间接性和易变性等特点。

客体间性理论与美国新闻传播学者沃尔特·李普曼（Walt Lipman）于1922年在《公众舆论》中提出的"拟态环境"概念有相似之处，但两者的出发点和所要实现的功能有所不同。① "拟态环境"是由媒介通过对象征性事件或信息进行选择、加工和重新结构化之后向人们提供的环境。由于这种选择、加工和结构化活动是在一般人看不见的地方（媒介内部）进行的，人们通常意识不到这一点，往往把"拟态环境"作为客观环境本身来看待。该概念从大众传播的功能角度出发，强调媒体通过营造所谓的"客观环境"对社会舆论进行引导的隐性功能。客体间性理论则是从客体（用户/受众）的认识角度出发，揭示客体接收媒体信息的间

---

① 张凌彦. 新媒体时代对公众舆论的思考：读沃尔特·李普曼的《公众舆论》[J]. 短篇小说（原创版），2016（14）：60-61.

接性和易变性等特征，以帮助传播主体根据客体接收信息的特征来改进传播方式，增强传播效果。

在国际传播的过程中，传播主体往往会对大部分新闻报道的客观事实进行评估和筛选，这就是客体间性的表现。当涉及同一对象时，不同的信息传播主体会以不同的方式进行报道和解读，从而产生不同的信息传播效果。原因在于，任何对现实的描写都带有一定程度的主观情感，不可能是完全客观的体现。这样的建构不仅与报道的事实本身有关，还与媒体从业者的立场、观点、方法和意图相关联。

通常情况下，受众具有"远距"的特点，这是由国际传播的特点所决定的。受众对于传播主体和外部环境的理解和认知，主要依赖于其日常接触的媒介内容和社交圈子，也就是"第二经验环境"。一方面，媒体报道客观事实时可能会受到主观态度的影响，信息内容往往难以完全客观、真实地呈现，因此，信息传播逐渐呈现出第二性的特点；另一方面，在信息传播过程中，受众之间互相联系的情况很常见。随着信息传播范围的不断扩大，信息传播环节的逐渐增多，受众所理解的外部世界以及在脑海中所构建的图景，在一定程度上是对传媒展现的或者人们言语相传内容的感性理解，也就是"第二性基础上的第二性"。

以上两个方面的因素导致在国际传播的过程中，客体接收的信息具有以下三个特点：

第一，感性。即针对来自跨国的信息，接收者会更多地依赖于传播者的宣传和体验，做出的价值判断也基本上是以个人的感觉和体验为依据的。这是一种表层的非理性认识。

第二，间接性。由于国际传播的距离和受众所居住国家的不同，大部分受众只能凭借已知的现实经验来理解来自他国的信息。因此，这种认识是间接的，并不是"直接现实"。

第三，片面性。受众对信息存在片面性认识，这是因为媒体会对现实内容进行选择、判断、架构和引导，所以受众所获得的信息会呈现出碎片化、片面化的特征。

在国际传播中，不存在纯客观的媒体，媒体报道都带有一定的倾向性。智利生物学家洪博托·R.玛图拉那（Humberto R.Maturana）区分了带括号与不带括号的客观性。他指出，不带括号的客观性是指独立于客观者的那种本真世界，但这种纯粹客观性是人类永远也达不到的。这就需要传播主体立足新闻的真实性和客观性，努力减少、克服受众认识间接性和易变性对传播效果的不利影响，并增加传播的直接性因素和受众的直接体验。[①]与此同时，在新媒体背景下，媒体还应当积极地运用这一特征——受众间的互动与影响，用高质量的新闻产品来进行波动式的多重传播，从而使国际传播的覆盖面得到扩大、影响力得到提升。

掌握国际传播受众认识的间接性、易变性特征，有利于我们更好地理解受众的相对化视角和非理性特点，重视受众的情绪、感官、体验、互动等，注重话语体系转换，借助融合传播手段，不但做到入耳，更要入脑、入心，降低间接性，增加直接性。一方面，国际传播中要讲好中国故事，需要把我们想讲的和国际社会想听的结合起来，准确把握国际社会的研究兴趣点、利益交会点、议题聚焦点和情感共鸣点，使用具体、生动的故事形式，将中国社会生活中的发展变化以及方方面面的现实情况形象地展示给国际社会；另一方面，在当前移动互联网、社交媒体成为重要传播平台的环境下，移动社交媒体已渗入受众日常生活中，要通过丰富多样的形式提升国际传播表现力。新华社和《中国日报》等多家媒体，都很注重将重要的主题报道和社会热点问题有机结合起来，通过微视频、微电影、微动漫等形式，创造出优秀的移动新闻作品。这些传播举措有利于对受众认识的间接性以及易变性规律进行更好的把握。

三、国际传播主客体的三重关系

在国际传播研究中，考察传播主体非常重要，而传播客体是主体传播行为直接面对和影响的对象，因此，必须进一步探讨传播主体和客体两者之间的关系。对于主体和客体之间关系的理解程度，决定了国际传播主体的公信力、传播力、美誉度（或受众对于传播主体的认同度）。与通常的主客体关系类似，国际传播主体与客体之间存在着三重关系。

（一）认知关系

人是认知的主体，并不会被动地接收客体信息和表面现象。对于客体的各

[①] 王建辉.超越康德：黑格尔、普勒斯纳、约纳斯和马图拉纳的生命自主性理论[J].科学技术哲学研究，2022，39（2）：35-40.

种信息内容，人能够积极主动地进行识别、选择、接收与采集。同时，人能够自发地思考和处理这些信息，逐渐了解其本质和意义。信息的相互作用是国际传播中主客体之间相互作用的基本体现。就单个传播行为而言，认知主体是相对较主动的一方，认知主体对于认知客体而言，是具有能动性的。主体与客体之间认知关系的形成，取决于一定条件下主体的选择和对于客体的设置。客体是在主体的选择和设置下被确定的。认知主体所具有的能动性主要表现在它能够利用认知工具对客体产生一定影响。因此，除了认识到传播主体具备主导性以外，我们也应当注意到，在传播主体面前，客体作为认知主体，也具备一定程度的能动性。

在国际传播中，传播主体需要先向受众传达客观事实。媒体的公信力一部分源于对认知规律的重视程度。当主体向客体传达信息时，必须确保信息的客观性和真实性，因为如果信息的真实性遭到质疑，那么主体就无法获得预期的传播效果。实际上，新闻的真实性是一个相对的概念，而达到纯粹的、绝对的真实性一直是一种理想化的追求。主体和客体对于价值判断以及思维理念的不同，致使双方在对新闻真实性的认知上可能存在偏差，在新闻真实性的对象和范围方面也会存在意见分歧。因此，新闻的真实性可以通过持续报道得到加深和丰富，新闻报道应该始终以事实为基础，力求客观公正，无论报道的深度如何，真实性都是其核心价值。媒体公信力和权威性的重要组成部分是事件的阶段性、真实性和探寻真相的过程。

（二）价值关系

在主体和客体之间存在着一种价值关系——主体需要客体，客体能够满足主体的需求。在价值关系中，人是价值主体，人们以自身复杂的需求和价值追求为依据，去探寻客体对自己有用的属性，并进行恰当的评价和选择。同时，人们会通过积极的努力，最大限度地发挥客体所具有的价值属性，从而最大限度地使自身的需要得到满足。

在国际传播中，传播价值的实现程度决定着媒体的影响力。国际传播绝不仅仅是简单地堆砌新闻资讯，从传播客体的角度来看，主体的意义和价值、信息的实用性、资讯的服务功能和观点的可靠性等，均是衡量媒体影响力的重要元素。当前，新浪、搜狐、腾讯和一些生活资讯网站、客户端，其影响力已经超越了传统媒体。它们的生存和发展离不开用户的认可、持续使用以及其自身具有的强大的服务功能。随着中国的国际影响力不断提升，中国媒体应该积极设置议题，以中国视角对各种国际热点问题进行适宜的解析和引导。这样可以让外界更好地了解中国，促进国际交流，同时也能够使媒体的影响力和信心得到加强。

最典型的案例就是在宣传中国的"一带一路"倡议时让合作伙伴意识到他们可以共享中国的发展成果。总之，主体传播的内容对客体而言要有用、有价值。

(三) 审美关系

人类的各项实践活动，既包含满足实际需求和达到功利目的等动机，也包括对于审美需求的追求和实现。在审美关系中，人是作为审美主体而存在的。因此，要积极培养自身的审美需求，以此来发现和体验客体的审美特质，从而实现情感上的体验和心灵上的交流。此外，主体还会基于自身的审美需求，努力排斥和反对客体中的虚伪、恶劣和丑陋之处，并注重培养和弘扬真实、良善、高尚的元素，进行美的建设和创作，从而完成其对于客体审美特性的认知和探索。

媒体的声誉主要取决于其所提供的媒体产品是否具有审美价值。审美价值的体现需要满足以下两个条件：

第一，所传达的信息应当具有审美特性，能够带给接收者一种愉悦的审美体验。就构筑全球审美交流关系而言，那些富有故事性和生动形象的影视剧、动漫、戏剧、文学、绘画、音乐等艺术形式，具有很强的审美感染力，更易于产生审美效果。例如国产电视剧《媳妇的美好时代》在非洲等地的热播，和它拥有审美价值属性的传播内容有很大关系。

第二，主体传播内容的方式应当与客体的喜好相符合，也就是应该以客体容易接受的方式对内容进行传播。

第四节 国际传播的认知定位

认知定位是国际传播主体进行传播活动的起点。在国际舞台上，媒体既要具备参与竞争的能力，也需要学会和不同的文明共处与合作。在此过程中，只有基于实际状况和真实能力进行定位,才能摆正自身位置,有效传播中国声音,提升国家形象和影响力。本节从认识论的角度,分析国际传播的主客体互动,提出主体视角下的不同认知模式,对如何提升认知度、确定认知目标,并在此基础上保持战略定力进行阐述。

一、认知模式

在国际传播中,主要存在三类主体视角,即事实主体视角、被夸大主体视角、被低估主体视角,这三类主体视角各自包含三种更具体的认知模式。以事实主体视角下的认知模式为例,其又包含事实主体对客体做出的与事实相符的认知、与事实不符的过高的认知、与事实不符的过低的认知三种模式。

(一)三类主体视角下的九种认知模式

事实主体视角是指事实上客观存在的主体看待客体的视角,其对客体的认知存在三种模式,即对客体做出与事实相符的认知、与事实不符的过高的认知、与事实不符的过低的认知。事实上的主体本身就是一种理想存在状态,在现实中较难见到这种状态,这是因为主体自身未必能对自己做出完全符合客观情况的定位,大多数情况下,主体眼中的主体都会比事实上的主体要优越,即主体对自身的定位一般是以"被夸大的主体"的形式存在。此外,一些在整体实力上不如主体或对主体较为崇拜的客体,在其视角中,主体也是以"被夸大的主体"的形式存在。与之相反,若客体的整体实力远超主体或对主体持有不解,在客体视角下,主体就会以"被低估的主体"的形式而存在。

被夸大主体视角主要是指主体对自身过于自信导致的定位过高,或者客体对主体做出的优于事实的认知,其在现实中比较常见。被夸大的主体对客体所做的认知也存在三种模式,即对客体做出与事实相符的认知、与事实不符的过高的认知、与事实不符的过低的认知。

被低估主体视角在现实中的存在也较为普遍,其主要是指客体对主体做出的比事实更差的认知,而由于主体对自身定位过低造成的被低估主体视角则相对少见。被低估的主体对客体所做的认知也存在三种模式,即对客体做出与事实相符的认知、与事实不符的过高的认知、与事实不符的过低的认知。

主客体对自身及他者的定位都会受到一些主观因素影响，导致主客体之间认知不一致的状况。在三类主体视角下的九种认知模式中，唯有"事实上的主体"与"事实上的客体"对应的状态能够表明主客体之间的认知是一致的，这也是国际传播应该致力于追求的认知模式，即应该在对本国及他国的定位和认知都客观的基础上开展国际传播。

需要说明的是，与主体视角下的九种认知模式相对应，还存在客体视角下的九种认知模式。如果说主体视角下主体对自身的认知为内部认知，那么客体视角下对主体的认知就是外部认知。其中，外部认知是影响一个国家国际形象的重要因素，其产生的基础不仅是一个国家自身的行为与表现，还受多重复杂因素影响。国际传播的重要任务就在于提升一个国家的外部认知，使其在国际社会的认知中处于良好状态。

（二）国际传播的认知模式

在国际传播中，主客体之间认知一致的状态较难形成，这也恰恰是国际传播应尽力完善的方向。对中国而言，就是要通过国际传播，尽量减少国际社会将中国视为"被夸大的客体"和"被低估的客体"的情况。这是因为无论将中国视为"被夸大的客体"还是"被低估的客体"，均会使中国在国际社会中处于不利地位，不利于国家形象的提升。

以国家形象为例，对国际传播的认知模式进行具体说明。国家形象是一种主体意识，是国家和民族气质中的闪光点，是国际社会对一个国家的感性认知和理性评价，是对这个国家及其民众的政治、经济、文化、外交和社会生活等各个方面的综合印象，是自我镜像和他者镜像的综合体现。自我认知和海外认知的形象之间存在差异，这是目前国家形象面临的现实问题。

上述认知模式中的认知不一致问题在国际传播中较为常见，从根本上讲是不同国家之间的价值观差异导致并加剧了国家形象在国际认知上的差异。这也恰恰彰显了国际传播的功能，指明了我国国际传播活动应该致力于改进的方向：一方面，要对自身做出符合国情的客观准确定位，充分尊重其他国家并给予其合理定位；另一方面，要着力于向世界介绍真实、客观的中国，努力扭转其对我国的错误认知，尽量使其对我国的认知反映真实的状况。

二、国际传播的认知目标

国际传播的目的是"求同",即扩大共识,增加认同,壮大朋友圈。因此,实现主体宣介与客体需求的统一,或者说达到传播动机与实际效果的一致,是中国国际传播的认知目标。从某种程度上来看,国际传播理论是一种说服理论,通过说服来不断求同与取得共识,而非强调对立与竞争。国际传播的实际效果取决于主体宣介与客体需求的交集,交集越大,传播效果越好,交集越小,传播效果越差。为了实现国际传播的认知目标,我国媒体要密切关注主客体的兴趣相似点,找准主客体的利益结合点,树立人类命运共同体意识。

（一）密切关注主客体的兴趣相似点

媒体传播的内容能否达到所期望的效果,在很大程度上取决于传递的内容是否符合受众的需求。只有对受众的具体情况进行调研,真正了解受众需求,媒体才能及时调整内容和策略,扩展对外传播辐射力,进而实现主体宣介与客体需求的统一。

关注主客体的兴趣点,还应当对文化环境进行充分的考虑。原因在于,从文明的角度来看,国际传播的巨大驱动力是文化差异,而文化中蕴含的多元、差异等特征,能够让人类文明呈现出更加丰富多彩的表现形式。此外,国际传播的实质就是一种跨文化传播,良好的文化环境能够为其提供发展的机会。

随着全球"汉语热"的兴起和中国国家实力的增强,越来越多的人对中国产生了良好的印象,并对中国文化表现出十分浓厚的兴趣。在此文化背景下,我国的传媒人士应当抓住机遇,通过多种途径向全球传达中国声音,讲述好中国故事,从而增进世界人民对中国的了解,增强其对中国的认同。

（二）找准主客体的利益结合点

中国经济增长的模式、中国企业崛起的模式、中国的城镇化进程,以及中国如何处理经济发展过程中的环保、医疗、传统文化保护等问题是世界上很多国家共同关注的话题。针对不同国家的利益关切,我国媒体要分重点、分种类、按需求对不同国家进行有针对性的传播。

和而不同、合作共赢是中国价值观的精髓,延伸到经济、社会发展就是奉行互利共赢战略,同世界各国共享发展机遇。我国国际传播可以突出国际交往中的"中国道义",关联中国对非援助的"实打实"、中国对外贸易不刻意追求顺差、中国对国际多边体制的维护、中国在国际事务中积极为发展中国家争取话语权等事实,突出中国开展国际合作"重道义"的可贵品格。

(三)树立人类命运共同体意识

在国际传播中,人类命运共同体意识可以诠释为一个国家的国际传播战略要为谋求本国的国家利益服务,但又不能局限于仅仅满足本国需求,而是要为谋求全世界各个国家和地区共同的协调发展服务。一个国家开展国际传播,在某种程度上可以理解为国际社会大背景下人类命运共同体意识在该共同体内部的对内传播,应该致力于将其发展成为一种具有普遍意义的、日常基本的传播形态。由此可见,在国际社会树立人类命运共同体意识,需要在承认与尊重各国之间存在的国家利益、社会制度、宗教信仰、语言文化、意识形态等方面差异或分歧的基础上,探寻求同存异的可行性路径。

中华文明具有五千多年的历史,提出建立人类命运共同体的倡议,有着深厚的文化基础。同时,中国已经发展成为世界上主要的经济体,提出建立人类命运共同体的倡议,也是中国承担大国责任、为人类文明探索新的发展可能性的一种努力。中国提出的人类命运共同体理念是中华文明为国际社会贡献的"实践性智慧"。

三、国际传播的战略定力

国际传播实践也要在战略上判断准确,沉着冷静,时刻保持理性和战略定力,做到既不夸大或低估自己,也不夸大或低估对方。

(一)理性摆正自身定位

加强国际传播能力建设,讲好中国故事,为我国塑造良好的国际形象,提升我国的国际地位和话语权。在实现这一目的的过程中,我国媒体要对在国家实力、与中国双边关系等方面均存在较大差异的传播客体进行全面传播,虽然要针对传播对象国自身的特征进行量体裁衣式的精准传播,但是也要遵循统一原则,即对自身做出正确、客观的定位,既不盲目夸大自己,也不刻意低估自己,向国际社会呈现一个客观、真实的中国。

在国际传播中，如果过度夸大自己，在盲目自信的状态下以一种高高在上的姿态向世界各国进行传播，不仅不利于提升本国的国际形象，而且往往会引起传播客体的反感。

与之相反，刻意低估自己的做法在国际传播中也是不可取的。这是因为，当我国已经日益走近世界舞台中央之时，如果再以一种看似低调的方式过度低估自己，一方面，会使长期以来与我国保持友好关系的国家误认为我国是在刻意隐瞒自身的发展成果，给他们留下不够真诚和不愿意分享的印象；另一方面，则会使欧美等西方大国掌握更多的主动权，进而通过影响国际舆论的方式让我国陷入被动的局面，对中国声音的国际传播力和影响力提升造成阻碍。

我国的国际传播要理性摆正自身定位，既不盲目夸大，也不刻意低估，既让国际社会乐于接收我国媒体提供的消息，又能为我国营造良好的国际舆论环境，不断扩大中国声音和中国故事的影响力，提升中国在国际社会上的话语权。

（二）客观衡量传播客体

国际传播面对的传播客体具有多元化的特征，其所处国家或地区的政治制度、政策法律环境、经济社会发展水平、宗教文化、媒体发展状况以及对华双边关系等均存在较大的差异，在对这些国家或地区的受众进行传播之前，首先要对这些国家或地区做出准确、客观的判断，既不夸大传播客体，又不低估传播客体，使传播客体在接收我国媒体的信息时能够感受到一种平等传播的姿态及对他们的尊重，进而增进对我国媒体信息的好感，强化他们接收我国信息的意愿。

在国际传播实践中，如果过度夸大客体，在一种对客体所在的国家或地区盲目崇拜或仰视的状态下对其进行传播，不仅不会得到传播客体的尊重，还会使本国媒体形成一种面对传播客体的胆怯心态，进而在国际舆论中陷入被动境地。

与之相反，如果对传播客体有一定的偏见或持低估的态度，并在传播过程中有意无意地流露出这种态度，同样会导致我国的国际传播陷入无效传播的境地。这种情形也是由认知差异所引发的，对传播客体的轻视，不仅无法使其感受到中国对其的好感与尊重，而且极有可能会促使该国的媒体在报道与中国相关的议题时与其他国家一道对中国发起舆论攻击。为了推进我国国际传播能力建设，增强中国声音和中国故事的国际影响力，我国的国际传播要极力避免这种情形的出现。

（三）保持定力地开展传播

通过前文分析可以得出，真正成熟的国际传播是在对自身与传播客体都形成准确认知的基础上按照自身的发展逻辑开展的。随着我国国际地位的日渐提升，我国的国际传播更要时刻保持战略定力，冷静、理智、客观，既不妄自菲薄，也不傲慢自大，以符合中国负责任世界大国形象的标准不偏不倚、不卑不亢地开展国际传播，用数据事实和逻辑来说话，把握好时效度，井然有序，稳步推进。唯有以友好而自信的姿态参与国际传播的竞争，才能赢得世界对中国文化的理解和尊重，进而提高创新和竞争能力，奋力打造国际一流的国家级现代化传媒航母，为传播好中国声音进行积极有效的探索，提升中国的文化软实力。

第五节　国际传播的内容与媒介

一、国际传播的内容

随着"中国奇迹"的出现，"中国为什么能""中国为什么好""中国和平崛起的奥秘是什么"成为世界各国不断追问的世纪话题。国际社会对中国问题的高度关注为提升我国国际传播能力提供了千载难逢的契机。而把握这一契机，采取行之有效的措施来传播好中国内容是破解国际传播瓶颈的关键。

（一）国际传播内容的基本概念、分类及特征

国际传播内容是指在国际交流的过程中，主体按照自己的意愿和需要，对目标对象所传达的信息。从狭义上来讲，国际传播内容指的是通过符号化表达出来的信息，如新闻报道、电视剧、电影、音乐节目等。从广义上来讲，国际传播的内容涵盖了由上述媒介传达出的理念和价值观，也就是主体构建的话语体系，也可能是由多个主体共同参与的交流和互动。因此，内容决定了国际传播能否产生实效，还决定了国际传播的性质和目标。而传播主体的认知水平和价值取向、受众的具体情况等，则决定了传播的内容。

国际传播内容的分类包括多种方式：第一，从内容所涉及的领域来看，包括政治、经济、社会、文化、体育等相关的领域；第二，从内容生成的产品形态来看，

包括文字、图片、视频等不同形态；第三，从内容的性质来看，包括新闻性信息和广告、娱乐、知识等非新闻性信息；第四，从传播的主体来看，包括政府传播的内容、企业传播的内容、社会组织传播的内容和个人传播的内容。其中，每个类别的内容又可以进一步细化，衍生出更多类别。例如，根据新闻性信息的体裁，又可以划分出消息、评论、通讯、纪录片、调查性报道等多种类别。这些内容划分类别在国内传播与国际传播中基本上是相同的，只是会根据传播需求在内容上有所侧重。

国际传播内容还具备一些国内传播内容所没有的特征，这些不同也体现了国际传播与国内传播的差异。由于传播范围超出了本国或本地区的辖域，因此，国际传播在内容的传播范围、语言风格、构成比例等方面都与国内传播有所不同。

第一，内容的传播范围不同。国际传播面向的客体主要是世界各个国家与地区的大众，既包括国外本土的民众，又包括生活在海外的本国侨民。这使国际传播的范围远远超出了本国或本地区的辖域。由于处于不同的时区，因此在传播的时间方面就要联系传播对象国的具体情况加以调整，同时，还要根据传播对象国受众的媒介使用方式对所传播内容的产品形态进行有针对性的安排。

第二，内容的语言风格不同。国际传播所面向的是不同国家或地区的受众，他们在语言、民族、宗教信仰等方面存在较大差异，价值观和意识形态也存在较多不同。面对这样跨文化传播的情况，国际传播就需要超越不同文化背景对受众造成的文化障碍，在使用对象国本土语言进行传播的同时，还应在语言风格上贴近当地受众的接受习惯与心理。

第三，内容的构成比例不同。在国际传播情境中，既要传播对象国本地的内容，也要传播本国以及世界各国相关的内容；既要传播与对象国受众心理接近，符合并能满足其需求的内容，还要在传播过程中融入本国的价值观。要做到上述两点，国际传播工作者需要在对象国本土内容、与对象国相关的双边内容和多边内容、世界内容，以及媒体所在国的本国内容上把握好比例。

（二）国际传播的重点内容

加强国际传播内容建设，必须首先明确对外传播究竟传播什么内容。作为一个有着五千多年文明史、九百六十万平方千米土地、五十六个民族、十四亿多人口的世界第二大经济体，需要传播的内容实在太多了。总体而言，当前应重点从以下四个方面传播好中国内容：

1. 传播一个理念：人类命运共同体

"穷则独善其身，达则兼善天下。"（《孟子·尽心章句上》）人类命运共同体理念的提出超越了民族和国家藩篱，为人类社会实现共同发展、持续繁荣指明了方向，提供了全新选择。人类命运共同体理念的核心是在追求本国利益时兼顾他国合理关切，在谋求本国发展中促进各国共同发展。2017年，"构建人类命运共同体"被写入联合国决议，这一理念成为世界各国的共识。

中国国际传播必须紧紧围绕"人类命运共同体"这一核心理念，强调多边合作与对话协商，注重公平合理与共同治理，借力"一带一路""亚洲基础设施投资银行""丝路基金"等加以推广和落实，使讲述"中国故事"转向讲述"中国如何与世界共同发展、推动东西方文明交流互鉴的故事"。

2. 注重双边内容报道

在媒介融合大趋势下，国际传播具有强烈的分众化特征，国际传播要了解传播客体的差异化需求，注重传播主体和客体间的内在相关性，找准双方共同关注的内容，传播与双方关联较大的内容，才能赢得受众的关注和认可。为了做到这一点，国际传播过程中需要增强双边内容的报道力度，通过"一国一策"的国别研究，找准受众的兴奋点、利益点，这样才能引起共鸣，才能让受众听得进去。

3. 塑造文明大国、东方大国、负责任大国和社会主义大国形象

在对外传播中，要注重塑造我国的国家形象，重点展示中国历史底蕴深厚、各民族多元一体、文化多样和谐的文明大国形象，政治清明、经济发展、文化繁荣、社会稳定、人民团结、山河秀美的东方大国形象，坚持和平发展、促进共同发展、维护国际公平正义、为人类做出贡献的负责任大国形象，对外更加开放、更加具有亲和力、充满希望、充满活力的社会主义大国形象。文明大国、东方大国、负责任大国和社会主义大国，构成了当代中国最重要的形象基础。

国家形象的塑造依赖于国家的综合实力、外交关系、国际传播等各方面综合协调，国际传播作为国家形象传播的重要渠道和途径，要发挥好准确定位、有效传播的积极作用，努力展示一个真实、立体、全面的中国，这已经成为国际传播不容回避的时代课题。国家形象是一个综合印象，有多重维度。从负责任大国的

维度来看，进入新时代，中国成为世界第二大经济体，连续多年对世界经济增长贡献率超过 30%，而中国政府提出或创办的人类命运共同体、"一带一路"、丝路基金、亚洲基础设施投资银行等创新发展理念和机构，在顺利付诸实施的同时，也体现了中国的大国责任和使命。

4. 加大"五位一体"总体布局传播

经济建设、政治建设、文化建设、社会建设、生态文明建设"五位一体"总体布局，彰显了中国共产党治国理政的新理念，是建设现代中国的新举措，大大丰富了中国国际传播的内容。做好"五位一体"总体布局的对外传播，既是中国制度、中国道路、中国经验的集中体现，又是对国际上种种谬论的有力回击。

在"五位一体"总体布局的对外传播实践中，我国主流媒体选取具有代表性的个人、乡村、城镇、行业等内容，通过纪录片、微视频等表现形式，集中展示了中国治理的积极成果。同时，我国主流媒体还通过制作多语种专题节目等形式，将中国"五位一体"总体布局的实践成果向国际社会进行广泛传播。

二、国际传播媒介

（一）国际传播的媒介融合

媒介融合是指在以数字技术、网络技术和电子通信技术为核心的科学技术的推动下，媒体产业组织实现不同媒介形态的内容融合、传播渠道融合和媒介终端融合的过程。在新技术发展和应用背景下，各种传统的传播载体包括报纸、杂志、广播、电视，都逐步与互联网实现融合，不断建构新的传播渠道，起到增加与国际公众的接触点、拓展互动界面的作用。

1. 从纸媒到数字化报刊

报刊是国际新闻的天然载体。19 世纪，为了满足读者对境外信息的需求，各国报刊纷纷开辟了国际新闻栏目或版面，专门报道国际新闻事件。有些报社开始派出驻外记者获取独家新闻，未外派记者的则向外报采集新闻，世界各地的报刊开始彼此摘译、相互转载。对外国或外报信息需求的迅速增加推动了批量采集和售卖新闻信息的通讯社的产生，这提高了信息复制和传递能力，加快了信息在世界范围内传播的步伐。

卫星通信、计算机技术出现后，报刊国际传播的信息采集和传递范围、传递速度都有了很大的提升，各国开始了报刊的国际化扩张。美国新闻集团早在20世纪70年代就开始全球扩张，21世纪初控制了世界上100多家日报、双周刊和近20家周报；英国40%左右的报刊都由新闻集团控股，包括《泰晤士报》《镜报》《卫报》等。①

　　随着互联网迅速发展以及纸张持续涨价和报业并购加剧，报刊发行量和广告收入不断下降。在这一背景下，各大报业集团开始数字化转型。如英国卫报传媒集团（Guardian Media Group）在2009—2010财年和2010—2011财年分别亏损3440万英镑和3000万英镑后，从2011年开始，用3年时间从纸媒转为数字媒体，2013—2014财年数字化内容收入比前一年增长24%，达6950万英镑。卫报传媒集团在2018—2019财年实现营业收入2.24亿英镑，其中数字业务对收入的贡献率为56%，呈逐年递增趋势。②

　　《人民日报》将传统媒体与新媒体在技术、渠道、内容、互动方面进行融合发展，积极推进数字化转型，主动完成媒介融合。从1997年创办网络版、2000年正式更改域名，到2014年手机客户端正式上线，《人民日报》的数字化转型发展分为四个阶段：报纸网络化阶段、报网融合阶段、新媒体拓展阶段、全媒体覆盖阶段。

　　报纸网络化是报纸向数字化发展的起点，它通过网络的传播优势，扩大了报业的覆盖面，提高了新闻的传播速度，缩短了与读者的距离。

　　报网融合代表着数字化转型的不断深化。新闻作品由定时更新、及时更新到实时、即时更新转变，并且开始运用声音、视频等多种媒体表现，使新闻更有吸引力和感染力。

　　新媒体拓展是指与媒体发展的趋势、方向相顺应，不断寻求自身媒介的突破，促进不同媒介之间的交流与协作。

　　全媒体覆盖则是综合利用所有的传播媒介和渠道，达到"一次策划、一次采集、多种生成、多元传播、全天滚动、全球覆盖"的传播效果。

　　目前，人民网在海内外的影响日益扩大，拥有英、日、法、西、俄、阿、韩、

---

① 佐藤卓己. 现代传媒史 [M]. 诸葛蔚东，译. 北京：北京大学出版社，2004：51.
② 裴永刚. 英国传媒产业发展现状、问题及趋势分析 [J]. 编辑之友，2018（5）：101-106，112.

德、葡等多个外文版，在日本、美国、英国、法国等多个国家和地区设立了公司或办事处。

2. 从无线广播到网络广播

随着新媒体迅速崛起，国际传播广播渠道不断推陈出新，从基于无线电技术的短波广播、本土化落地调频台发展到基于数字技术的卫星广播和网络广播，为媒介融合注入新的活力。

短波（SW）广播利用地球的外表面电离层多次反射，将信号传播到接收设备上，实现远距离广播覆盖。根据日本广播协会（NHK）的资料，20世纪90年代中期使用短波作为主要国际传播渠道的前四位媒体分别是美国之音（1155小时）、中国国际广播电台（910小时）、英国广播公司（904小时）、俄罗斯之声（810小时）。目前，短波因为传输和接收设备使用方便、系统搭建灵活、部署成本较低、抗毁性强等固有优点，在国际传播中享有一定的战略地位。不过，由于带宽较窄、易受天气干扰、频谱资源紧张、易被建筑物屏蔽和被无线电波辐射干扰等缺点，短波在国际传播新媒体转型过程中的地位正在下降。

调频（FM）广播具有音质清晰、信号稳定、易于收听等优点，在移动通信网络尚不发达的国家和地区，建立海外落地调频台成为国际化、融合化、本土化、品牌化建设的着力点。

21世纪初，中国国际广播电台曾在肯尼亚内罗毕、老挝万象、泰国曼谷、缅甸仰光、阿尔巴尼亚地拉那、澳大利亚堪培拉、西班牙马德里、阿根廷布宜诺斯艾利斯、加拿大多伦多等地通过自行建台、经援建台、委托建台、租台、公司化运作等多种方式，加快整频率落地项目建设，扩大海外分台规模，在全球拥有多家海外整频率播出电台，覆盖世界5大洲50多个国家的首都或主要城市，覆盖人口数约5亿，落地节目总时数每天近3000小时，影响对象国受众、主流媒体和国际事件走向的能力不断增强。

卫星广播是指利用广播卫星向地面转播广播信号供一般公众直接接收的点对面的广播方式。国际传播中主要使用国际通信卫星作为传播的主要手段。卫星广播的传输环节相对较少，不容易受一般自然灾害的影响；输出功率较大，天线可以实现高精度定向，可覆盖很大面积，增加了国际传播的覆盖范围，提高了国际传播广播节目的灵活性和及时性。

网络广播是指基于 TCP/IP 网络协议的纯数字化音频广播系统。1995 年 4 月，位于美国西雅图的一家网站在其网页上放置了一个音频播放试用版软件，提供点播服务，标志着网络广播的诞生。基于网络协议的广播具有传统广播传播无法比拟的开放性和交互性，融合了大众传播、群体传播、人际传播的传播特征，推动了国际传播形态的改变。

2005 年，中国国内首家多语种网络广播电台开播，使用汉语、英语、德语和日语播出，不同语言的节目各具特色、形式多样，强调知识性和互动性。网络广播节目无论是在内容选择上还是在表现手法上，都有别于传统广播节目，更加贴近网络听众。2007 年 9 月 14 日，中国国际广播电台升级为由 9 种语言组成的 11 家环球网络电台，标志着以"本土化"为目标的新型多语种境外网络广播电台全面启动。

网络电台的出现有效提高了广播节目的互动性，实现了节目自由灵活的个性化定制，进一步优化了听众的收听体验，开辟了一片新的受众市场。目前，由传统广播节目搭载网络电台的直播逐渐丰富为大型活动现场音频同步直播和类似网络视频直播的网络电台个人直播，这对于网络电台的发展起到了极大的促进作用。

3. 从卫星电视到互联网视听

数字卫星电视是利用地球同步卫星将数字编码压缩的电视信号传输到用户端的一种广播电视形式。国际卫星电视使信息传播中的国界概念基本被打破，进一步消除了世界范围内的传播障碍，实现了全球不同国家受众在同一时间共享相同信息的传播目标。国际卫星电视不仅重新定义了全球范围内信息流动的方式、速度和目标受众，还改变了传媒机构与个人的信息接收方式，影响了一个国家的国际传播效果评估标准。

1992 年 10 月 1 日，CCTV-4——中央电视台首个国际卫星频道正式创办并开播。从 1995 年起，CCTV 就开始向泛美卫星、亚洲卫星两家公司同时租用多颗卫星，用途主要是对中文国际频道的电视信号进行传输。此举使中央电视台对外电视频道节目信号的全球覆盖首次得以实现，而中央电视台也率先成为亚洲地区完成电视信号全球覆盖的电视机构。

随着互联网传输带宽不断增加，P2P 技术、内容分发网络（CDN）、视音频编解码技术及在线随时观看的流媒体技术取得重大突破，视频内容开始独立于原有的电视渠道，依托互联网进行传播，"互联网视听"这一概念也自此兴起。互联网视听节目服务是指制作、编辑、集成并通过互联网向公众提供视音频节目，以及为他人提供上载传播视听节目服务的活动。

2019年11月，中央广播电视总台基于"台网并重、先网后台、移动优先"战略，打造了新媒体聚合视听平台——央视频，集聚了央视的精品频道、近20家省级一线卫视以及海量的视频内容。"央视频"是一种全新的网络视听模式，打破了传统电视频道和栏目的结构逻辑，将其聚焦于泛文体、泛资讯、泛知识三个品类，以账号体系作为内容聚合逻辑，以一种开放的、共建的方式，将总台长期积累的优质资源与各大媒体平台的创作优势结合起来，形成了一种全新的平台，使优质的社会资源得到整合。

随着商业互联网视听平台的成长和发展，国内流媒体平台纷纷出海，成为国际传播的一股新力量。东南亚国家普遍处于发展数字经济的窗口期，拥有视听市场巨大的潜力和年轻化的人口结构，成为中国视听平台出海的优选目的地。2019年2月，爱奇艺与泰国知名电信运营商AIS、中国联通国际有限公司合作，完成了爱奇艺奇速播业务在泰国的落地。2019年11月，爱奇艺推出国际化应用iQIYI App，与马来西亚本土拥有高影响力的媒体Astro达成战略合作。

（二）社交媒体渠道

社交媒体是以用户个人为中心，以社会关系为连接，用户间可充分互动，并能够在网络上共享想法、图片、文章、活动、事件的互联网平台应用模式。借助全球社交媒体，各传播机构能使其生产的内容快速、便捷地融入国际传播网络，不仅增加了与国际公众的接触机会，更能借助于浏览量、转发量和评论量等交互数据，进一步对传播内容和形式进行反馈和调整。

社交媒体是一种非常重要的国际传播渠道，可以帮助人们在全球范围内分享信息、交流想法和建立联系。目前，世界上最流行的社交媒体渠道包括脸书、推特、微信和微博等。这些社交媒体平台拥有庞大的用户群体，可以帮助人们快速传播信息，促进国际交流与合作。

国际传播的社交媒体渠道有许多特点。首先，它们能够快速传播信息，让人们在全球范围内分享新闻、观点和想法。其次，它们拥有庞大的用户群体，可以帮助人们建立广泛的社交网络。此外，社交媒体渠道还具有高度的互动性和参与性，可以让用户参与各种讨论和活动。最后，社交媒体渠道还能帮助人们建立跨文化交流的桥梁，促进不同文化之间的沟通和理解。

第二章　中文国际传播现状

随着中国的崛起，中文迎来了难得的发展机遇。据媒体报道，全球范围内人们越来越关注中国和汉语，学汉语的人数也在不断增长。美国已经将汉语列为战略语言，并将其列为高中和大学指定预修课程（Advanced Placement，AP）的一门语言。在经济全球化的发展环境下，汉语面临着激烈的竞争。要想推动汉语更好地进行国际传播，需要不断完善其传播方式，以吸引更多的外国学习者学习汉语。本章为中文国际传播现状，分为四节：基于传播学的中文国际传播、华人社区的中文传播——以美国华人社区为例、当代中文国际传播的机遇、当代中文国际传播的发展对策。

第一节　基于传播学的中文国际传播

一、中文国际传播概述

（一）"全球传播"的概念

霍华德·弗雷德里克（Howard Frederick）是一位拥有多重文化和多语言背景的美籍新西兰裔学者。他在著作《全球传播与国际关系》中指出，全球传播是多个学科交会的领域。他研究跨越国界传播的价值观、态度、观念和信息，涉及跨国界传播的个人、团体、群体、机构、政府以及信息科技等相关议题；研究在信息传递过程中，跨越不同国家和文化背景以及由不同的组织机构促成或禁止信息传递时可能会引起的争议。

（二）跨界传播的相关概念

跨文化传播强调不同文化间的交流与理解；文化间传播是指不同文化的人面

对面的互动；国际传播更倾向于指国与国之间以媒体为主的传播；全球传播则具有更广泛、更综合的含义，强调跨越国界与文化界限，以全球范围内的信息互通、文化流动与融合为特征。全球传播是在不受地域限制的情况下，让群体、组织和政府之间进行信息、资讯、意见和价值观的交流和传递。

这几种跨界传播的定义虽然很相近，但研究的侧重点不同。通常情况下，跨文化传播被用来对比不同文化下的现象。研究不同文化的人之间进行面对面的沟通交流的问题的通常是文化间传播。相比之下，国际传播更注重媒体之间的互动和协同，较多地研究政府之间的传播以及不同国家的大众传播系统；全球传播关注的是在经济全球化背景下产生的现象和传播过程中出现的议题。

国际传播和全球传播是容易混淆的两个概念，实际上它们有显著的不同。最重要的区别是它们关注的研究领域不同。国际传播研究集中在国际关系领域，注重研究国与国之间的传播现象，强调国界的重要性；全球传播则侧重于研究全球化现象，不强调国界，注重全球范围内的传播现象。尽管二者各有不同，但它们同样涉及文化现象在跨文化传播中的研究，以及人与人之间沟通能力的文化间传播的研究。尽管存在细微差异，但文化间传播和跨文化传播都与不同文化间的交流有关。

（三）"汉语的全球传播"与"汉语的国际推广"的区别

语言的"推广"强调的是单方面的推销和推荐，而语言的"传播"则强调的是双向的交流和沟通。"国际传播"是指在明确的国界范围内进行传播的国际交流活动，而"全球传播"则是由跨越国界、面向全人类的广泛传播活动构成。推广语言跨越国界属于国际化推广工作。语言的全球传播是指在经济全球化的趋势下，通过语言的传播，促进不同国家和地区之间的交流和沟通。

子曰："名不正，则言不顺；言不顺，则事不成。"（《论语·子路》）孔子曾在弟子子路问及治国之道时表示，治理国家的第一步必须是"正名"，也就是让各位官员清楚明白自己的角色和使命，只有这样才能顺利地完成各自的工作。

（四）跨学科、跨领域、跨地域的重要工作

准确定位中文国际传播研究是必要的，这样可以明确其所属的学科和领域，有利于建立整体研究框架并设定研究方向。

在讨论中文国际传播研究的定位之前，需要先明确传播学的本质。在人文学科领域存在许多彼此相关、相互交叉的学科，有些甚至有重叠部分，但它们的研究方向、理论基础和研究方法都不同，因此不同学科有着各自不同的研究成果。传播学是相对较新的一门人文学科，其特点在于具备多学科综合性。传播学与其他学科交叉，形成了全新的理论框架，同时吸收了其他学科的研究方法，以深化对传播学问题的探讨。语言学建构的初衷是为了深入探究语言的奥秘，一旦涉及其他学科，就会产生跨学科的联系。

另外，语言学可以视为传播学的源头之一。例如，现代语言学之父、瑞士语言学家费迪南·德·索绪尔（Ferdinand de Saussure）提出的符号分析理论成为媒体研究和文化研究的重要工具。亚里士多德创立的修辞学也可以视为传播学的起源之一。此外，社会学和心理学等学科所涵盖的知识也可为传播学研究提供借鉴。因此，可以将中文国际传播研究看作从传播学的视角进行研究，但不必局限于传播学的范畴之内。

关于教育学和语言学需要注意的问题是语言必须通过后天学习获得，学习又属于教育的范畴。既然"中文国际传播"与语言的学习和传播相关，那么我们可以思考一下，它是否应该被归类到教育传播学的领域中呢？教育传播学是一门交叉学科，包括教育学和传播学两个领域。南国农在《教育传播学》中指出，教育传播是教育工作者根据特定目的和需求，选择合适的信息内容，并通过有效的传播手段向特定的教育对象传递知识、技能、思想以及观念等的活动。这是教育者和受教育者之间进行信息交流和互动的活动。事实上，促进中文国际传播的推手不仅限于教育界人士，还包括媒体和个人。因此，可以指出中文国际传播研究并非仅属于教育学或教育传播学领域。

如前文所述，"中文国际传播"是一个跨学科的研究主题，其研究范围因关注点不同而涉及多个学科领域。就语言学而言，汉语是一种语言形式；从传播学的视角看，它则与国际传播有关。传播语言学和应用语言学与语言权力、语言变迁以及经济全球化背景下的语言传播密不可分。在国际关系学中，语言的全球普及程度和国家软实力也是研究的对象。从地域来看，可将汉语的传播分为在国内的推广、在海外华人中的跨地域传播以及在世界范围内的跨文化传播。这种分类方式不仅考虑了地理位置的因素，也充分考虑了语言和文化之间的复杂互动。此外，还有与汉语密切相关的汉学和国学（国外称为汉学，国内称为国学），它们是保护汉语文化魅力的重要力量。

（五）从传播学出发的中文国际传播

中文国际传播的研究思路从经典的"5W传播模式"出发，即谁（Who）、说什么（Says What）、通过什么渠道（In Which Channel）、向谁（To Whom）、产生什么样的效果（With What Effect）。简言之，分别是传播者、传播内容、传播渠道、受众、效果。[①] 此模式不仅明确描绘了传播的过程，而且涵盖了中文国际传播研究领域的主要研究方向和主题。

谁，即对传播者的研究。这一部分着重研究传播者的跨文化交流能力，是中文国际传播研究的重要内容。我们通常所说的跨文化沟通能力包括在具体的环境中以适当且有效的方式传递信息的能力。除此以外，一些学者认为，要成功地进行跨文化沟通，必须将跨文化知识和良好的实际行为表现相结合。

说什么，即文本分析。文本分析是一种研究手段，用于探索信息传递的内容、分析语言使用规范性的叙事结构，以及对使用的汉语符号元素进行符号分析等。在研究中文国际传播时，传播内容的分析很关键，需要深入探究传播的信息内容，同时也应该注意将"怎么说"纳入分析范畴，了解传播的表达方式和技巧。

通过什么渠道，即渠道分析。从传媒学的角度来看，汉语在全球传播方面采用了多种渠道，其中包括大众传播方式，如电视、广播、报纸、杂志、网络和文化艺术产品。除了传统的大众媒体，还有一些由私人成立的汉语班等民间组织和政府设立的教学机构，它们也是非常重要的汉语传播渠道。由于地域之别，这两种传播渠道可以被归属到汉语环境和非汉语环境两类中。

向谁，即受众研究。我们一般用问卷调查、访谈等方法来研究不同背景受众的一般和个别兴趣、需求，了解如何激发汉语学习者的学习热情，研究汉语学习的方法以及如何应对汉语学习中的挑战。

产生什么样的效果，即效果研究，涉及研究受众在接收信息后，在观点、态度和行为方面的变化。在研究中文国际传播效果时，我们着重考虑如何设定有效的指标来衡量其效果。这些指标不仅包括学习者对中文学习的满意程度等间接方

[①] 方静. 试论新媒介时代传播模式对大学英语教学的启示：基于对拉斯韦尔模式与香农—韦弗模式的解读 [J]. 青年文学家，2012（17）：62-63.

面的指标，还包括学习者学习中文的实际成绩表现等直接方面的指标。另外，衡量整个传播过程的效果可以考虑学习的延续性、学习所带来的愉悦体验以及成就感等指标。

近年来，汉语的推广备受关注。无论是政府的重视还是媒体的关注，都使汉语学习成为热门话题。

汉语国际传播研究应深化基础性研究、强化应用性研究与对策性研究。对策性研究是中文国际传播研究现阶段的重中之重，不仅可以解决中文国际传播过程中遇到的问题，还能提升传播效果。

中文国际传播研究需要不间断地推进，无论汉语的国际传播达到何种境界，或是国际形势发生何种变化，都不能停下脚步。未来，中文国际传播研究将依靠各学科、各领域的专家、学者共同合作，关注国际语言政策和语言市场的变化，及时调整策略，同时监督、检讨、修正现有策略，并积极推进面向不同方向的深入研究。

分享是语言传播的核心。从文化的角度看，语言应被视为一种共同财产，它并不归属于某一特定团体，也不归属于某个特定民族或国家。不过，每一个个体都应该承担起继承和推广母语的责任和义务。汉语在国际舞台上独树一帜不仅是由中国经济的发展所推动，还源于汉语本身所具备的深厚文化底蕴及其独特的魅力和吸引力。传播学者需要研究如何有效地将汉语及其魅力传播到世界各地，并与不同文化背景的人进行有效的交流，这是一个重要的研究方向。

二、中文推广研究概述

近年来，人们开始高度重视中文推广，并涌现出众多相关研究。这些研究主要探讨了中文推广的重要性、可用的渠道和途径以及相应的推广策略。尽管已经有一些研究成果，但研究内容和方法非常接近，多数采用定性研究方法，很少采用实证研究。此外，研究者的专业主要是中文国际教育和语言学，跨学科领域的研究相对较少。

（一）"汉语热"的背景与影响

在国外的语言学习中，确实呈现出"汉语热"的态势，关于"汉语热"的研究文章不在少数。也有一些关于"汉语热"深入研究的文章,如郭力在《略谈海外"汉语热"及其原因》中就总结了海外汉语教学和汉语水平考试的情况,范围囊括五大洲,并根据现象深入分析"汉语热"在海外出现的动因。[①] 尹海良在《对世界汉语热和汉语国际推广工作的认识与思考》中主要陈述了"汉语热"产生的历史背景,考察了汉语教学存在的问题,从多个角度,如语言素质、汉语话语权、汉语国际推广与对外汉语教学的关系等,表达了自己的观点,独辟蹊径,令人深思。[②]

除了主观陈述现象,正面描写对"汉语热"的思考,也有学者从侧面分析了"汉语热"带来的影响,如廖小健的《"汉语热"对海外华侨华人的影响》,就以海外华侨华人的视角,探讨了"汉语热"给海外的华人华侨带来的影响,包括但不局限于华文传媒、华文教育、当地民族关系等。根据对华文传媒的影响分析做出总结:一是在"汉语热"的大背景下,还有诸如中文价值的提高、中国国际地位的提升等因素,各国顺应形势放宽了对华文传媒的限制;二是海外华人众多,也催生了华文传媒的发展。[③] 董育中在《大洋彼岸的汉语热》中主要呈现了"汉语热"的现状,并且文中还有当地官员对于汉语学习的认识的相关访谈内容,作者也在文中提出了自己的独特见解。[④]

(二)中文推广的问题及推广策略

中文推广的问题及推广策略方面的文章相较于其他研究问题更受到重视,因此,关于此类内容的文章也较多。《新时期对外汉语教学发展的战略思考》是北京语言大学前党委书记王路江和前校长曲德林撰写的,文中表达的核心观点是对于汉语教学推广首要的是创建教学研究基地,着重加强教材的研究和开发,双线并行,国外也要有相应的措施,如建立办学机构等,顺应时代发展趋势,积极运用现代教学技术,实现教学方法的创新。[⑤]

在汉语推广方面,许琳、韩业庭在《构建对外话语体系要学会换位思考》中

[①] 郭力.略谈海外"汉语热"及其原因[J].比较教育研究,2006(12):87-90.
[②] 尹海良.对世界汉语热和汉语国际推广工作的认识与思考[J].前沿,2009(2):187-190.
[③] 廖小健."汉语热"对海外华侨华人的影响[J].比较教育研究,2008(1):86-90.
[④] 董育中.大洋彼岸的汉语热[J].当代电视,2008(9):76-78.
[⑤] 王路江,曲德林.新时期对外汉语教学发展的战略思考[J].中国高等教育,2004(5):33-34.

提出了自己的见解，认为汉语推广的思路在发展战略、工作重心、推广理念、推广机制、推广模式和教学方法上发生了六大转变。①

高增霞在《简论汉语国际化》中提出，中文国际化实际上是中国走向世界的客观进程，这不是一条单行道，而是双向的文化互动过程，是古老磅礴的中华文明走向世界的过程。②李春雨、陈婕在《北京文化与汉语国际推广》中简述了汉语在国际推广中遇到的问题和北京在国际推广工作方面的优势，还分析了对于汉语国际推广北京应采取的措施。③

北京外国语大学教授张西平在《汉语国际推广中的两个重要问题》中主要表达了两种研究观点，即制定全球汉语推广政策，展开国别汉语政策调查。其中，国别汉语政策包括各国的汉语学习史、汉语政策以及语言传播的对比研究等。④香港城市大学的郑定欧在《汉语国际推广三题》中围绕如何理解、如何实践、如何推广汉语的三个问题，阐述自己的看法，他认为首先要以汉语教学为重，在实践和推广的过程中要洞悉其本体性以及注意树立好正面形象。⑤

（三）国外的语言推广政策

雷莉等人在《中美两国对外语言教学的比较与思考》中比较了中美两国对外语言教学的情况，包括方针、政策、教学、考试等多个方面，分析美国对外语言教学的优势以及成功经验，并据此提出中国推广汉语教学的改进措施。⑥张西平在《从语言接触理论探讨汉语国际传播》中总结了世界主要语言的推广历程，分析了汉语推广面临的问题。⑦赵延红的《强国的语言和语言强国》，则别开生面地从国家实力的角度分析推广语言的难易度，并由此产生对汉语地位的思考，其中也分析了英汉双语教学、汉语推广面临的问题等。⑧

郑梦娟在《国外语言传播的政策、法律及其措施刍议》中分析了多个国家的

---

① 许琳，韩业庭. 构建对外话语体系要学会换位思考 [N]. 光明日报，2014-03-13（6）.
② 高增霞. 简论汉语国际化 [J]. 中国社会科学院研究生院学报，2007（6）：100-104.
③ 李春雨，陈婕. 北京文化与汉语国际推广 [J]. 北京师范大学学报（社会科学版），2007（6）：100-104.
④ 张西平. 汉语国际推广中的两个重要问题 [J]. 长江学术，2008（1）：127-129.
⑤ 郑定欧. 汉语国际推广三题 [J]. 汉语学习，2008（3）：90-97.
⑥ 雷莉，雷华. 中美两国对外语言教学的比较与思考 [J]. 比较教育研究，2003（11）：12-16.
⑦ 张西平. 从语言接触理论探讨汉语国际传播 [J]. 语言规划研究，2015（1）：67-71.
⑧ 赵延红. 强国的语言和语言强国 [J]. 怀化学院学报，2008（2）：82-83.

语言传播政策，包括分析相关专题报告、查阅相关法律法规等，阐述了各国为加强管理与监督以及对外扩大交流而采取语言推广的策略的观点。[①]

除从整体上宏观研究汉语对外推广，也有少数学者从更细微的角度探讨汉语的国际推广。例如，王建勤的《汉语国际推广的语言标准建设与竞争策略》，从语言标准建设的角度出发，强调为解决海外教材与教师不足的问题，宜建立汉语的兼容机制和竞争机制。[②] 林华东的《制约语言传播的几个因素：论汉语的国际推广》，从语言制约性的角度，论述汉语国际推广的问题，讨论影响语言生存变化的外部因素以及汉语国际推广的背景与需求。[③]

宁继鸣等人在《汉语国际推广的公共产品属性分析》中探讨汉语推广的公共产品属性，得出了其具有国家公共产品与全球公共产品的属性。[④] 熊玉珍的研究成果——《教育传播视野中的海外华文教育》，从教育传播学的角度，探究了海外华文教育传播的现代教育媒介的应用、华文教育资源的创建与共享机制以及教师信息素养等多个问题。她还指出了海外华文教育传播的四个基本要素，包括教育信息、教育媒体、学生以及华文教师。这些要素对于传播效果起着至关重要的作用。[⑤]

当前，对外汉语的实证研究主要围绕教育展开，尽管这方面的研究至关重要，但在经济全球化的背景下，推广汉语需要更深入地涉及各个层面，而不仅限于政策制定、资金投入和国家层面的推动。例如，研究汉语在全球的推广渠道，使不同文化背景的人接触汉语的方法，审视当前政策的有效性调整策略方向等。

为了实现汉语在国际上得到广泛推广的目标，需要吸引更多跨学科、跨专业的专家参与其中，群策群力，既要善于灵活思考，独具创意，又要注重稳健执行，循序渐进。

（四）社交媒体与国际传播

1. 社交媒体的传播特点

社交媒体传播有如下三个特点：

---

① 郑梦娟.国外语言传播的政策、法律及其措施刍议[J].语言文字应用，2009（2）：12-22.
② 王建勤.汉语国际推广的语言标准建设与竞争策略[J].语言教学与研究，2008（1）：65-72.
③ 林华东.制约语言传播的几个因素：论汉语的国际推广[J].绍兴文理学院学报（哲学社会科学版），2007（3）：35-39.
④ 宁继鸣，王海兰.汉语国际推广的公共产品属性分析[J].东岳论丛，2009，30（5）：176-180.
⑤ 熊玉珍.教育传播视野中的海外华文教育[J].电化教育研究，2007（11）：23-26.

第一，接触门槛低。社交媒体颠覆了传统传播方式，使人际传播变得更加广泛、快捷，传播门槛也大大降低。国际受众在不同的生活场景，甚至在碎片化的时间中，都全天候、全方位地被纳入传播网络。社交媒体通常支持多种语言，允许用户跨越地域、政治和经济边界进行交流和沟通。

第二，交互性强。社交媒体同时扮演"传播出口"和"用户入口"的双重角色，允许用户在同一平台完成"读"和"写"两种操作。这意味着用户可以参与媒体内容的采集、编辑、发布，不再是单纯的信息浏览者和被动接收者。

第三，时效性强。在热点新闻发生时，许多在事发现场的网民可以利用社交媒体平台进行第一时间的传播，并吸引大量网民不间断地跟进事件的后续进展，这使得社交媒体成为热点新闻舆论的集散中心。新闻事件在社交媒体平台上报道的速度比传统媒体更快，它们的传播广度、深度和受关注程度也远超过传统的信息传播方式。如今，社交媒体不再只是传统媒体舆论场的补充，而是成为热点事件发生后的舆论主阵地。

有效引导社交媒体舆论，必须重视掌握社交媒体话语权的意见领袖。在社交媒体中，平台负责搭建稳定的系统、设立规则，而用户在创造内容，并引领和推动舆论发展趋势。美国学者罗纳德·S.伯特（Ronald S. Burt）的"结构洞"理论表明，在不连贯的行动者或子群之间扮演连接者时，个体拥有竞争优势。[1] 从实践中可见，尽管某些个人账号的关注数和粉丝数不如媒体账号，但它们在网络传播中处于重要的节点位置，对于网络内部的信息流通具有较强的控制能力，并起到了整个传播网络桥梁的作用。

例如，中央广播电视总台正在积极探索"多语种网红工作室"的传播方式，提升对外传播影响力。截至2020年底，总台"多语种网红工作室"项目培育了71个工作室、150名网红主播，在境外社交平台开设200多个账号，与200多家境外主流媒体合作进行了卓有成效的本土化传播。[2]

2.借助海外社交媒体的国际传播

2020年第一季度，脸书每月活跃用户量达26亿。全球有近30亿人每月至少使用过脸书主应用、图片分享社交平台照片墙。

---

[1] 伯特.结构洞：竞争的社会结构[M].任敏，李璐，林虹，译.上海：上海人民出版社，2017：121-123.
[2] 中央广播电视总台2019年多语种网红工作室工作概述[J].中国新闻年鉴，2020（1）：242-243.

我国主流媒体可以通过成熟的社交平台，巧妙地结合中国的国情、理念与国外的表达习惯、接受心理，以客观平实的态度和国际公众更易接受的方式讲述中国故事、传递中国声音，创新国际传播的"融通中外"模式。

就当前的运营情况而言，我国主流媒体在海外社交媒体平台上的传播已初见成效：设置了议程和框架，规范了发布形式，稳定了推送频率。此外，它们还采用多种多媒体形式，包括且不局限于图片和视频，使内容更加具有吸引力，账号粉丝数量也达到相当大的规模，并且引起国际社会越来越多的关注。

中国国际电视台（CGTN）入驻脸书、推特、优兔、照片墙等全球主流社交媒体平台。其中，CGTN 脸书英语主账号粉丝量破亿。通过更广泛的国际社交媒体渠道，主流媒体可以更好地把握在国内外事务上的发言和表态机会。

2019 年 5 月 30 日，CGTN 通过推特平台推动中美主播跨洋对话，引发全球关注。CGTN 推特平台账号发布的评论微视频《中国不会接受不平等条约》，引起福克斯女主播关注，推特"隔空对话"获全球媒体转发。美国福克斯电视台、《纽约时报》、CNN、BBC 等西方媒体播发相关新闻报道及评论近 2 万条，全球社交网络转发和点击量超过 126 亿次。

3. 基于中国短视频社交平台的国际传播

短视频是在新媒体平台上播放的，播放时间从几秒到几分钟不等的一种视频形态。短视频社交平台最早出现在 2011 年前后，2016 年以来，随着 4G 移动通信技术的广泛使用，短视频用户迅速增长，全球短视频行业发展进入了快车道。随着 5G 技术的推广普及，全球短视频行业的发展将进入下一个量级的发展阶段。

短视频作为碎片化时间体验、免费型娱乐产品，适宜所有收入和年龄阶段的人群，其优势具体体现为三个方面。

第一，以直观化、交互式的方式呈现。相较于常规的将文字与图片区分呈现的信息体验，短视频通过综合感官体验的方式，能够让用户获得沉浸式和个性化的信息接收体验。

第二，设计易于使用、方便操作。相对于直播而言，短视频不需要遵守特定的表达形式，也不需要特定的团队配置，制作周期不长，相对来说易操作，制作门槛低，生产流程简单，观众的参与度也相对较高。同时，特效、滤镜等多种技术使短视频内容的表现方式更加多样化，呈现效果更精彩。这些技术的运用激发了大众参与内容创作的热情和创造力,为网络内容的丰富多彩和多元化发展提供了广阔的市场基础和创作队伍。

第三,分发智能化、网络化。短视频平台利用大数据分析技术,精准洞悉用户需求,并根据不同的情境智能匹配有关的信息,以此提高信息传播的准确性,实现了信息内容个性化传播的效果。用户往往出于好奇心和向往同伴认同的心理,倾向于分享那些引起自己兴趣或在身边朋友中广受欢迎的短视频,目的是展现自己的独特魅力或融入特定群体,因此,这种行为促进了短视频的迅速传播。

包括抖音(TikTok)、快手等在内的中国短视频社交媒体平台抓住机遇,依靠技术和渠道优势迅速占领海外短视频平台市场,成为承载国际传播内容的重要平台。

研究公司 Sensor Tower 的一份报告显示,2021 年第一季度,抖音继续高居全球移动应用下载量榜首。2022 年 8 月,这款中国短视频应用的下载量已将近 6600 万。随着这款 App 在全球的流行,短视频所承载的中国文化元素也跨越语言障碍,得到了越来越多的关注。在抖音中搜索"中国",相关的视频总数超过了 130 亿。这些视频内容包括中国传统工艺、民俗文化、饮食文化、民俗风情、国宝熊猫等内容。

在抖音上面很多视频展现的,不管是北京的三里屯还是成都的太古里,年轻人都穿着精致的服饰,在镜头前展现出自信灿烂的笑容。还有不少的时尚街拍达人巧妙地将中国传统文化和现代元素融合在一起,汉服翩翩,让人耳目一新。相关数据显示,抖音上面的中国风和中国传统文化的作品内容越来越受到用户的关注,仅"汉服"话题的短视频观看总量已经超过 3 亿次,这些视频的内容主要体现了中国人日常生活中古老与时尚的碰撞、传统和现代的和谐。汉服不仅在国内非常流行,在海外也渐渐兴起,这股风潮已经跨越了国界。2020 年 2 月,Vogue 杂志网站刊文《解密中国汉服兴起》,这篇文章引用了广东汉服文化委员会一位人士的话,即从 2017—2019 年,海外汉服群体数量增加了 46%,越来越多的汉服文化爱好者加入了抖音社交媒体平台。从汉服或者街拍通过抖音在海外火爆可以看出,富有中国元素的东西正在走向全世界。以美国为例,在约 3.3 亿人口中就有约 1.65 亿抖音用户,这些数据背后隐藏的正是一条高速发展的外宣渠道。率先尝鲜的成都旅游局通过结合各个国家的特色与抖音全球范围内的内容与广告商合作，在美国、英国、日本、法国、德国、意大利、西班牙7个国家发起了全球招募"熊猫哄睡官"国际挑战赛，展示成都的大熊猫国际名片，助力成都建设世界旅游名城与世界文创名城，有效输出成都城市旅游信息。挑战赛持续6天，引发全球4万多用户参与，创作出8万段左右的视频，挑战赛页面所有视频观看量超过3000万次，吸引用户互动量400万次，开屏和信息流曝光量达到2400万，音乐视频的观看量也达到760万次。此外，活动吸引了3万多的粉丝找到英、法、德三国的熊猫大本营，线上活动直接带来了线下的转化。抖音将很多中国特有的文化内涵，如汉服、折纸、果酱、面点、陶艺、中国功夫、书法、水墨画、昆曲等，通过短视频形式展现在世界人民面前，开辟出一条文旅产业出海的新路径。

在全球短视频行业飞速发展的过程中，抖音通过短视频这一社交语言，在全球范围内快速传播开来。短拍摄时长、方便的剪辑方式，配上合适的音乐便可以将制作完成的短视频直接推出，用户可以通过浏览、评论、转发视频来形成一个新的社交圈。

与以熟人为基础的图片、文字社交，如脸书和照片墙不同的是，抖音所创造的社交模式是一种全新的形态。脸书最初的发展重点是以图文社交为主，而抖音则始终专注于短视频领域，将其与社交功能紧密结合。这一全新的社交方式覆盖的用户范围更广，且更易于被接受。

随着视频转型的趋势，短视频社交平台不仅在社交媒体领域创造了新的增长动力，也为国际传播和塑造国家形象提供了重要的机遇。短视频主要靠视觉元素和音乐传达信息，这种表达方式能够突破国际语言障碍，最大限度地吸引普通民众参与，培养一批具有影响力的个体内容生产者，并促使其利用短视频社交平台参与到对外传播活动中。

目前，短视频社交平台已成为中国国家形象对外传播的重要渠道。如抖音发起"我们来自中国"的挑战，邀请来自全球的用户拍摄、上传与中国有关的短视频，内容涵盖中国传统的木雕、瓷绘、杂技等技艺展示和中国都市、风景名胜的航拍风光等。在这些活动中，抖音一方面利用普通网民参与的热情推动全民化内容生产，另一方面使这种源于民众的另类叙事与"国家形象宣传片"所代表的国家叙事遥相呼应，共同构成了社交平台上更加完整丰富的中国形象。

第二节 华人社区的中文传播——以美国华人社区为例

一、华人社区：美国汉语传播研究个案的选择

（一）美国汉语传播概况

随着华人移民到美国，汉语在该国开始传播。在19世纪四五十年代，美国吸引了许多华人来到此地工作。为了满足这些华人及其后代的需要，非正式的"中文学习班"开始出现，由此开启了美国汉语传播的先声。尽管最初的汉语传播者是华人，但在美国，正式的汉语教学则始于美国的大学。1876年，美国新教传教士卫三畏（Samuel Wells Williams）在耶鲁大学创建了第一个以汉语为主要研究对象的研究机构和东方图书馆。自1877年起，哈佛大学开始开设中文课程，并雇用来自中国的戈鲲化担任中文教授。此后，许多美国高等院校，包括加利福尼亚大学、哥伦比亚大学、芝加哥大学和斯坦福大学等，也开设了汉语课程。自此之后，汉语教学在美国不再局限于华人社区，而是成为美国国民教育体系的一部分。这也使汉语的国际传播方式变得更加规范化。

但直到第二次世界大战（简称二战）之前，美国高校里只有极少数学生在学习汉语。第二次世界大战爆发后，因为战时需要，美国急需汉语人才，提出了培养汉语专家的要求，各高校才相继开始了汉语教学规模的扩大和系统化的发展。耶鲁大学创造了一种独特的拼写汉字的方法，以帮助美国人更轻松地学习汉语。在赵元任"听说法"教学思想的指导下，哈佛大学成功地培养了一批能够娴熟运用汉语听说技能的人才。第二次世界大战结束以后，汉语的传播陷入了停滞。

1958年，美国通过了《国防教育法案》，该法案将语言教学置于与学科教学同等重要的位置，其中的一系列举措以加强外语教学为目的，同时也使汉语教学受到更多的重视。美国的汉语教学在数量和质量上都得到了显著提高。在20世纪60年代，美国中学汉语课程的发展得到了卡内基基金会和联邦政府的资助，加速了其发展进程。1972年，中美关系开始改善，美国汉语传播的速度也进一步加快。1988年，美国道奇·考克斯基金公司和普林斯顿大学合作启动了名为"开

始学中文"的项目,将汉语课程纳入幼儿园学习课程。在这个阶段,美国的汉语传播范围逐渐扩大并且受众数量持续增长。

21世纪以来,美国的汉语推广取得了快速的进步。美国政府最初将汉语定为"关键语言",然后在2006年推出了"星谈计划",该计划强调培养汉语人才的重要性。此外,在刘乐宁(哥伦比亚大学)、周质平(普林斯顿大学)、孙朝奋(斯坦福大学)、刘力嘉(哈佛大学)等人的大力促进下,美国知名高校的汉语教学保持着良好的发展态势。

(二)美国汉语传播研究综述

直到中国改革开放之后,美国的汉语教学才开始蓬勃发展。美国为了满足其在政治和经济方面的战略需求,在中美建交后,美国的汉语教学有了显著发展。随着21世纪的到来,美国的汉语教学开展得如火如荼。汉语在美国的推广备受学术界的重视,并成为汉语国际传播研究中一个重要的研究方向。近年来,越来越多的学者开始对美国汉语传播进行深入研究,研究范围覆盖了美国汉学研究、美国汉语教学研究以及美国华文教育研究等不同领域。接下来主要介绍美国汉学研究、美国汉语教学研究两个方面:

1. 美国汉学研究

在美国汉语传播研究中,汉学研究是必不可少的组成部分。第二次世界大战结束后,汉学研究趋向专业化,许多研究机构纷纷涌现,美国汉学研究也发展得十分迅速。在那个时代,几乎所有的汉学家和来华传教士都专注于汉语学习和对中国的研究,他们的书籍也成为19世纪美国了解中国的主要来源。

2. 美国汉语教学研究

美国的汉语教学者相较于美国的汉学研究者数量更多,因此,关于美国汉语教学方面的研究成果也相对更丰富,这些研究成果的侧重点不同,主要体现在以下三个方面:

第一,主要研究美国汉语教学的整体情况。肖顺良、吴应辉的《美国汉语传播研究》在整体大的框架上观察美国语言环境,解读相关的美国语言政策,总结美国的汉语传播情况,了解美国的汉语传播历史,以相对微观的视角,剖析两国的汉语传播政策和两国共同承办的汉语传播项目,探究汉语传播的内在动因和外在动因，总结美国的汉语传播规律，并最终构建出美国汉语传播模型。① 目前，此项研究比较全面和系统地总结了美国汉语传播的情况和成果，对于中文国际推广研究有很重要的意义。

第二，研究美国高校的汉语教学情况。王晓钧根据对美国两所州立大学的中文教学项目的研究，对美国的中文教学有了一定的了解，在研究中主要介绍了美国大学的中文教学现状，从多种角度，如课程设置、学生语言文化背景、中文特点、书写系统等，总结出中文教学在美国需要应对的挑战，匠心独运地提出了相对应的解决办法。② 胡文成的研究成果则根据美国大学汉语教学的模式和特点，为中国的海外汉语教学模式构建提供了一定的参考依据。③ 谢玲玲则主要针对美国堪萨斯中南部教育服务中心做了一些研究，据此总结了一套以中国文化为核心的较为成熟的汉语教学模式。④

第三，研究美国汉语教材的情况。罗春英归纳了美国 30 所大学汉语综合课的教材使用情况，发现一、二年级常用的教材是《中文听说读写》。⑤ 盛译元在《美国高校汉语教材研究》中介绍了《中文听说读写》《中国啊，中国！》《华夏行》《现代汉语中级读本》等教材，并归纳总结了这些教材的特点，据此提出了相应对策、关于多元文化国家汉语教材编著的意见、以方法为指导的教材编写理念等。⑥

也有学者对美国汉语教学理论的发展做了一定的研究，如柯传仁对美国汉语教学理论进行研究评述，并在三个方面，即研究内容、研究方法、研究策略上提出建议。⑦ 康煜描述了美国汉语教学法的现状，陈述了其历史变迁的过程，通过各种教学法的对比，分析优缺点，并总结出其存在和变革的原因。⑧

随着网络技术的普及和发展，越来越多的学者开始关注科技的力量对汉语教

---

① 肖顺良，吴应辉.美国汉语传播研究 [J].语言文字应用，2016（2）：144.
② 王晓钧.美国中文教学的理论与实践 [J].世界汉语教学，2004（1）：100-104.
③ 胡文成.浅析美国高校汉语教学模式与特点 [J].甘肃科技纵横，2005（3）：167-168.
④ 谢玲玲.以中国文化传承为核心的汉语教学模式：以美国堪萨斯中南部教育服务中心为例 [J].大学教育科学，2012（3）：37-40.
⑤ 罗春英.美国汉语教材现状综述 [J].江西科技师范学院学报，2010（5）：71-77，124.
⑥ 盛译元.美国高校汉语教材研究 [D].北京：中央民族大学，2013.
⑦ 柯传仁.二十一世纪汉语作为外语教学研究方向与理论建构刍议 [J].世界汉语教学，2006（4）：89-97.
⑧ 康煜.刍议美国汉语教学法的变迁 [J].青年作家（中外文艺版），2011（5）：43-44.

学的影响,如夏威夷大学的姚道中在《美国中文教学研究》中介绍了关于"语网"的教学计划,也就网上中文教学表达了自己的观点。①

(三)美国华人社区中文传播研究的现实考虑

第二次世界大战后,美国在移民政策上不再严格限制,先后采取了多种措施。自 1965 年美国《移民法》颁布以来,华人移民的数量也显著增加,此后,美国还多次出台了相关法律政策。相关数据显示,截至 2016 年底,美国华人人口数量已经超过 450 万,这些人是促进汉语传播非常宝贵的人力资源。他们就像播撒在美国的种子,无论生活在哪里,都会让汉语语言资源和文化传播萌芽,成为推动汉语传播的动力。

1. 美国华人社区是美国华文教育和中华文化传承的阵地

海外传承中华文化的三大支柱是指华文教育、华人社团和华文报刊传媒。作为海外中华民族语言文化的传承者,华人移民及其后代积极推广并受益于华文教育及相关活动;在华人社区内,为满足华人需求,设立了华文教育机构,建立了华文传媒平台,组织了多个华人社团活动,为华人学习汉语提供了重要的场所。在美国华人社区中,华文教育扮演着极其重要的角色,它是华人子女学习汉语和传承中华文化的重要途径,并且是汉语国际传播的重要渠道之一。同时,华文教育也有助于推广和传承中华文化。相关数据显示,超过 90% 的海外汉语学习者是具有海外华裔背景的人。对于推广汉语国际化而言,注重海外华人社区的华文教育尤为关键。当前,许多华人社区已经发展到了第三代、第四代。现代的华裔年轻一代通常接受西式教育,与较年长的家长相比,他们对华人、汉语、中华文化没有那么深厚的感情,更倾向于认同其所在的国家。这对于一个国家、民族、种族和社区而言,都带来了不稳定的因素。在面对文化迷失和认同差异的挑战时,华人社区具有关键的使命,即重塑华人文化认同。借助华文教育这个平台,海外的华人社区可以联合起来,以此保持和加强华人群体在海外的文化特色和身份认同,从而避免"文化脱离"和"认同危机"的问题。换句话说,以社区为基础的美国华文教育在促进汉语在美国的推广以及塑造美国华人对汉语和中华文化的传承方面具有极其重要的作用,这是我们不可忽视的社会基础。美国的华人社团在

---

① 姚道中. 美国中文教学研究 [M]. 北京:华语教学出版社,2016:33-34.

华文教育领域扮演着至关重要的角色，能够为华文教育提供人才和物资支持。通过举办各种富有特色的文化活动来加强社区的文化环境，不仅可以为海外华人的孩子提供更好的汉语教育环境，也有助于促进不同语言背景的华人之间的联系，增强他们对中华语言文化的认同感。此外，华人社团也借助全球范围内的孔子学院，进一步增进了与祖国的联系与交流。此举不仅有助于推广华文教育事业，也为当地汉语的普及和传播提供了支持。本书探讨了美国华人社区中使用汉语的各个年龄段华人的情况，并对美国的华文教育现状进行了分析，提供了新的研究视角，更深入地了解汉语在美国传播的发展趋势。

2. 美国华人社区能够揭示汉语和中华文化在美国的传播状况

汉语的国际传播在全球范围内具有深远的意义，它不仅能让更多人学习汉语，更重要的是体现了中国国际地位的提升以及世界对中华文化和汉语的高度重视。这种传播状况也从侧面表现了全球各国政府和人民对待华侨华人的政策和态度正在发生转变，海外华侨华人的生存环境变得越来越好。

华人移民在书面语言上基本使用同一种语言文字，即汉字，但在口语的使用上则天差地别。例如，汉语方言曾经是过去华人社区的通用语言。但随着华人数量的增加和新移民人数的不断上升，过去几十年，美国的华人社区发生了巨大变化。最明显的变化就是华人的来源不再仅是广东一带，而是来自中国许多不同的地方，有着各种不同的成长背景，受不同地方文化的浸润，语言也呈现出多元化的特征。在华人聚集地，无论是古老的唐人街还是新华埠，都可以感受到语言格局的不断变化。在传统的东西海岸华人聚居城市和其他城市中，人们可以听到不同的语言，除了汉语和老一代移民的汉语方言外，甚至还可以听到其他不同国家和民族的语言。如今，美国华人社区已经是一个多种语言共存的地理区域，具有国际化的特点。随着汉语在新华人社区的日益流行，美国华人社区变成了解汉语和中华文化在美国传播和推广情况的重要窗口。

3. 美国华人社区拥有丰富的汉语国际推广资源

近些年，我国非常注重推动汉语国际传播事业，在全球范围内成立了大量孔子学院。此外，前来中国学习汉语的留学生数量也大幅增长。然而，由于孔子学院教育和前来中国留学的人数有限，无法满足越来越多人希望学习汉语的需求。世界各地的华人社区是一个尚未得到充分利用但可以用来推广汉语的巨大资源，海外的华人社区涵盖了丰富多样的中华民族语言和文化教育资源。澳大利亚新金山中文学校校长孙浩良对墨尔本唐人街进行走访，发现许多华人店铺都热心地为有意学汉语的外国人提供免费的教授服务。这不仅能帮助他们学习汉语，同时还能提高华人店铺的收益。华人社区的周末中文学校也可以被视为另一种的"孔子课堂"。这些学校不仅对华人子弟开放，还向社会开放，吸引更多非华裔孩子学习中文，这将有助于促进汉语的国际传播。由此可见，华人社区不仅是展现中华文化的海外窗口，更是外国人学习和练习汉语的便利场所。除此之外，许多华人家庭，尤其是来自华语国家或地区的新移民，不仅积极监督孩子的汉语学习，还与当地非华裔背景的学生结伴学习汉语。这既推广了汉语文化，又促进了华人移民更快更好地融入美国当地社会。因此，华人社区不仅在帮助美国华裔学习和练习汉语方面发挥着至关重要的作用，而且有助于促进汉语实践以及在美国本土体验中华文化。

二、华人社区与汉语传播

（一）汉语在美国传播的华人因素

在美国多元化语言的大家庭中，华人作为最早将汉语传入美国的群体之一，扮演着非常重要的角色。汉语是美国语言多样性存在的证明。华人在美国汉语传播的早期起到了无可替代的作用。就目前和未来而言，华人将继续扮演向美国推广和传播汉语的关键角色。下文将探讨华人在美国汉语传播历史上所扮演的角色，结合汉语在中国历史政治环境下的变化和美国华文教育及华人移民社会的发展等方面进行分析。

1. 美国的移民语言政策演变

美国汉语传播的历史并非一帆风顺，而是波澜起伏、忽快忽慢的。实际上，美国的语言政策在不同时期都是对汉语传播有重要影响的外部因素。美国是一个拥有多元民族、多元语言、多元文化、多元宗教和复杂人口结构的国家，其中有来自125个不同民族的人们使用着380多种不同的语言，语言和文化多样性在世界上首屈一指。从族源来看，除了美洲原住民印第安人以外，大多数美国人由来自不同地方的移民所组成。白人、非洲裔美国人、亚洲裔美国人以及西班牙裔美国人是美国最主要的移民族群。美国的多元民族构成赋予了该国语言、文化、宗教等各方面多样化的特征。据统计，目前美国人口中约有 1/7 的人在家中使用非英语的语言。

（1）南北战争以前

在南北战争以前，美国政府希望吸引更多的移民，但也清楚意识到其在语言政策方面的能力有限。因此，虽然鼓励使用英语，但政府不会干预其他语言在日常生活和教育方面的使用。尽管英语在一些州开始被广泛采用，成为通用语言，但美国人仍然在使用除英语之外的其他少数民族语言，这种情况并未改变。19 世纪初，美国接纳了来自欧洲的移民，他们的语言、文化和宗教背景都有所不同。为了让这些移民更快地适应美国文化，各州开始普及初等义务教育，颁布法规。为了吸引家长将孩子送入学校学习，一些公立学校保证不仅会教授基础学科知识，还会注重传授学生本民族文化和母语。在南北战争时期，政府采取了不干预的方针，并支持公立学校推广民族语言教育，充分包容了语言多元化的现象。

（2）种族隔离时期

在 19 世纪后期到 20 世纪初期，美国迎来了大量来自东欧、南欧的新移民，这激起了老一辈移民的排外情绪。因此，老移民开始推动"本土主义运动"，旨在让新移民彻底融入美国文化，限制少数民族文化。1889 年，《本尼特法案》在威斯康星州颁布，规定在某些课程中只能使用英语进行授课，以法律的形式规定英语是唯一的合法交际语言，希望通过这种方式同化少数民族的语言乃至文化。这种非柔和的方式给少数民族语言带来了负面影响，对新移民及其后代的学校教育产生了巨大的影响。

（3）民权运动以后

从 1954 年开始，黑人为了争取平等权利，自发地举行了一系列抗议活动，这些活动一直延续至今。随着民权运动逐渐成熟，越来越多的少数族裔开始维护自身权益，并提出教育方面的要求。例如，要求学校更多地传授他们本民族的文化和历史知识，开设少数民族语言课程。1968 年，美国国会通过了《双语教育法》，这是美国历史上最早的专门关注双语教育领域的法案。

可以看出，美国关于少数民族和移民的语言政策经历了三个不同的发展阶段：第一个阶段是不干涉阶段，第二个阶段是英语唯一合法阶段，第三个阶段是多语言合法共存阶段。这些移民语言政策对汉语的传播和发展产生了长远的影响。

2. 美国汉语传播历史变迁简介

美国汉语传播主要可划分为两部分：一是针对美国本土的汉语教育，二是旨在传承中华文化、面向华人后代的华文教育。

（1）美国汉语教育

①中美建交前美国汉语教育的几个阶段

初期（19世纪三四十年代至太平洋战争爆发前）：这一时期，美国的汉语教育非常有限，主要由那些有来华经历的传教士和外国学者负责。卫三畏回到美国后，获聘主持耶鲁大学开设中国语言讲座；哈佛大学聘请了中国学者戈鲲化担任汉语讲师；加利福尼亚大学在1896年之前，阿加西东方语言讲师职位一直空缺，直到傅兰雅被指派负责汉语的教授工作。在20世纪三四十年代，美国本土汉学家开始成为美国国内汉语教育的关键人物。1940年，魏鲁男在哈佛大学远东语文学部主持汉语教学；在芝加哥大学，顾立雅教授"汉语入门课程"和"汉语中级课程"；在宾夕法尼亚大学，卜德担任汉语的教学工作。美国历史学家费正清（John King Fairbank）在1936年走访美国各大学校园时，惊讶地发现能熟练使用汉语的学生几乎没有。在太平洋战争爆发之前，对学习汉语感兴趣的美国人仍寥寥无几。

转折期（太平洋战争爆发至1949年）：为了满足军事和外交的需求，美国在太平洋战争爆发后，开始对远东地区做详尽了解。为了让即将被派往远东的军事人员和文职人员能够熟悉该地区的语言、文化和民俗风情，美国政府采取了多项措施进行培训。在这一时期，美国各大高校相继推出了时间长短不等的远东语言培训项目。这些措施的出台虽然是基于战时的需要，但间接让许多美国人有机会学习汉语和了解中国的历史文化，战时汉语培训的价值在于打破了美国人长期以来的汉语认知局限，从而显著提升了他们学习汉语的自信心。随着太平洋战争的结束，学习汉语的学生在课堂中的人数有所增加。耶鲁大学、哈佛大学和哥伦比亚大学等众多大学致力于改进传统汉语教学模式，并吸取战时语言教学方法的经验，以提升大学课堂汉语教学的水平。

跃进期（20世纪50年代后期至20世纪60年代末）：随着亚非拉民族解放运动的迅猛发展和中国的地位巩固，加上苏联军事科技实力的迅速提高，美国开始加强对外语教育的关注，美国的汉语教育迎来了转机。在《国防教育法》颁布后，美国汉语教育学校的数量和学习汉语的学生人数都有了显著的增加。

停滞期（20世纪70年代前期至中美建交）：随着尼克松总统的访华，美国民众对中国的关注程度大大提高。然而，从20世纪70年代中期开始，美国开始把重心转向本国内部事务。1972年，美国通过的《教育修正法案》规定联邦政府必须在1973年为民族传统研究计划提供1500万美元的经费支持。外语和区域研究的经费拨款逐渐降低。因此，这个时期的美国汉语教育资助和选修汉语的学生人数与往年相比呈下降态势。

②中美建交后的美国汉语传播

中美建交以来，美国开始逐渐推广汉语教学。我们将中美建交后美国的汉语推广分为三个阶段。

第一个阶段，即建交初期。由于想要迅速了解中国的实际情况，满足国内经济和政治发展的实际需求，美国开始广泛开展汉语教学。1966年，美国有95所大专院校开设了汉语课程。到了1970年，这一数字增长到了130所。而1973年，美国39个州的260所大专院校均开设了汉语课程。1960年，美国大专院校汉语课程的报名人数为1763人。到了1970年，这个数字增长到了5406人，之后在1978年达到了7842人。在20世纪60年代到70年代之间，汉语学习者的数量出现了激增。1963年，美国创建了"中国语文教师学会"，同时创办了《中国语文教师学会学报》，每年发行三期。1973年，成立了"中文学校协会"，旨在研究教材和教育方法。自20世纪70年代起，汉语学习人数不断增长，同时汉语教学法和教材的研究也备受关注。

第二个阶段，在我国实行改革开放后，美国的汉语教学经历过快速增长的阶段。美国道奇·考克斯基金公司发起了汉语启蒙教学计划，在全美范围内资助60所中学设立或扩大汉语课程。这些中学大部分现在仍然有汉语课程。1980年，有11 366人在美国学习汉语。6年后，这个数字增长到了16 891人。20世纪80年代，有130所中学开设有汉语课程。1982年，中国汉语教师学会到访美国，并进行了实地调研。1983年，北京语言大学举办了第三届"中美汉语教学研讨会"，会上中美双方达成了协议，涉及13个项目。一些美国大学参与其中，包括芝加哥大学、斯坦福大学和夏威夷大学等。中方的大学包括北京大学、复旦大学、南京大学等。

1987年8月14日，世界汉语教学会议在北京举行，美国的黎天睦教授当选为常务理事。①20世纪80年代以后，美国的汉语教学工作也逐渐驶入快车道，中美双方在相关领域的合作也为20世纪90年代美国汉语教学与传播做了铺垫。

第三个阶段，从20世纪90年代末到现在。这一时期，美国有许多研究和会议关注汉语教学。美国和中国共同承办了名为"国际汉语教学法研讨会"的活动。2000年，美国纽约城市大学贝鲁科学院现代语言和比较文学系与中国华中理工大学（现为华中科技大学）开展了首次合作，随后共有67篇与会论文在中国国内的核心期刊《语言研究》上发表。2001年，美国纽约城市大学和中国湖北大学合作举办了第二届活动，共有75篇学术论文在《语言研究》上发表。2002年，美国纽约城市大学与中国南京大学合作举办了第三届活动。美国佛蒙特大学和中国云南师范大学合作举办了第四届活动。在美国，还成立了名为"美国中文教师学会"的组织。2003年底，在美国休斯敦首次召开了南美地区8个州共30所中文学校的校长会议。会议由中华人民共和国驻休斯敦总领事馆教育组主持。下列8个州出席了会议：密西西比州、得克萨斯州、阿肯色州、亚拉巴马州、佛罗里达州、佐治亚州、路易斯安那州和俄克拉何马州。美国国内对汉语教育的重视在会议上得到了充分的体现。汉语在美国东部著名大学哥伦比亚大学中成为仅次于西班牙语的第二大外语。

汉语AP课程的开展是推动美国汉语教育迈向新阶段的重要因素。2003年12月，美国大学理事会推出了"大学汉语和中国文化预修课程及考试"项目，即"AP汉语项目"，将汉语与西班牙语、法语和德语等语言一起提供给高中生作为大学预修课程的语言之一。2003年，全美有逾百万学生选修AP课程，而AP课程考试成绩则被视为美国著名高校招生的重要评估因素。AP汉语项目可以被视为美国汉语教育发展史上的一个重要事件，它意味着汉语已经被纳入美国的国民教育体系之中。

近些年，汉语在美国的传播取得了一定的成绩。根据美国外语协会的数据，汉语是美国中学生学习的第五大外语，仅次于西班牙语、法语、德语和拉丁语。此外，越来越多的美国大学开设了汉语课程，许多学校也设有孔子学院，专门教

---

① 温晓虹.美国汉语国际传播：学生、课程、教师[J].汉语国际传播研究，2017（1）：11-25，154-155.

授汉语和中国文化，为学生提供了学习汉语的机会。此外，在社交媒体上，也有很多人在分享他们学习汉语的经历和心得。

（2）美国华文教育

华文教育旨在向在外生活的华人子女和其他有兴趣学习中文和中华文化的人提供汉语和文化方面的教育。各类华文学校均由当地华人创办，这些学校在美国被称为中文学校。

在19世纪中期，针对美国华人的华文教育逐渐兴起于华人聚居城市。起初的中文教育是沿袭清朝的教育方式，主要在私塾里进行。这些学校的教学水平不够高，他们采用传统的中式教材，教学生写字和珠算。许多老师是科举考试落第后因各种原因出洋的秀才、举人。

在甲午中日战争后，为了维护自身的封建统治体系，清政府大力兴办教育事业，创办许多学堂并派遣留学生去海外深造。金山学堂于1888年在美国华人社区成立。1908年，晚清政府派遣来自广东的内阁侍读梁庆桂前往美国劝学，在大清书院的基础上创建了大清侨民小学，随后将其改为中华侨民公立学校。到了1927年，学校又经历了一次改名，改为中华中学。不久之后，大清侨民学校开始在芝加哥、西雅图、纽约等城市相继涌现。

20世纪80年代中期，在中国的改革开放政策和中美正式建交的影响下，大量国人移民美国，这一现象也促进了美国华文教育的新发展。在接下来的几十年里，美国的华人华侨数量以惊人的速度增长。华人来美人数的增长，不仅为原华人华侨群体注入了新鲜血液，而且为华文教育提供了丰富的师资和生源，为推动美国的华文教育迎来新的复兴奠定了坚实的基础。随着中美关系趋于缓和，中国不断推进改革开放，中国东南部地区的经济蓬勃发展，世界范围内出现了一股强烈的"中华文化热"。美国的华人社区再次表现出了对学习汉语和创建华文学校的极大热情。此外，华人社群在经济和社会方面实力的增强，也为推动华文教育的发展提供了良好的条件。

3. 华人在美国汉语传播史上发挥的作用

语言的传播受到多种因素的影响，包括国家实力、社会需求和语言价值等方面。然而，这些因素并不能完全解释语言传播的动机和方式。汉语作为华人共同语言形成于20世纪初期，在这之前美国的汉语传播状态只是中国各地方言的无规则传播状态。语言是文化群体的重要象征，维护语言的传承是保护文化的重要途径。美国汉语传播能有今天的发展是基于华人的不断努力保护和传承中文以及中华文化的历史积淀。

美国首次提供汉语教学是为了满足华人子女的教育需求。1978年6月，国家决定增加留学生的派遣数量，这使留学生的数量有了显著的增加。数据显示，自1978年至1996年底，中国共有13万~15万名学生前往美国留学。报告显示，2021年美国的中国留学生人数为34.89万。在1983年之前，出国留学主要通过公费资助的方式。1984年12月，国务院发布了《关于自费留学的暂行规定》，允许个人自愿出资留学。这一政策为中国留学生赴海外留学提供了更多的机会。这些人丰富了美国华人族群的多元性，壮大了美国华人的队伍，并对华人整体文化水平的提高产生了积极影响。华人通常秉持着尊师重道、精益求精的传统美德，在子女的中文教育方面相对严格且重视。因此，他们成立了许多中文学校和组织。例如，全美中小学中文教师协会、全美中文学校协会等。中文学校、华人社团和华文媒体为汉语和中华文化的传承提供了重要的平台，同时也为促进汉语在美国的传播做出了巨大的贡献。

21世纪以来，随着中国持续高速发展以及中美之间经济贸易和人员交流不断增加，美国的华人社区和中文教育也面临着许多新的变化。随着中国经济的蓬勃发展和综合实力的日益壮大，华人重新树立了对自身文化身份的自信。这使越来越多的华人意识到，掌握中文可以在未来的美国社会中取得更大的竞争优势。汉语在美国的广泛传播，很大程度上是因为其实用性。同时，随着时间的推移，汉语在美国华人社区中的吸引力不断增强。美国汉语的传播与华人移民之间有着紧密的联系，这可以从多个方面进行论证。可以这样表达：中文在过去存在是因为华人，而现在在中国崛起的背景下，可以说中文促进了华人的发展。随着新移民人数的不断增长及其融入美国社会速度的加快，美国华人将同其他诸多因素一起推动美国的汉语传播。

（二）美国华人的言语社区界定

如果不将美国华人社区的语言和言语社区综合起来，那么我们的研究结果就无法与华语社区的理论和研究相联系，这将失去对汉语传播和华语认同之间关系的探讨的意义。言语社区被社会语言学家作为一种理论，用以联系社会并进行语言研究，是一种社会构建。言语社区是建立在对语言使用和语言认同等实证研究进行综合分析的基础上得出的一个理论框架。社区在语言研究中扮演着关键的角色，它的存在对于形成该领域的基本观点和核心内容至关重要。因此，我们应该把言语社区作为语言调查的基本研究对象。既然确定言语社区的界限非常重要，那么我们在实际调查中应该采用什么方法来确定它的范围呢？言语社区的研究范围可以根据社会标准和研究者的主观需要来选定，涵盖了实践社区、地方小区甚至国家整体。然而，无论选择何种研究范围，都必须满足地域、人口、互动、认同和设施五个方面的要求，这样才能称为一个言语社区。根据事实所得，可以发现美国华人社区在某种程度上满足言语社区的定义标准。具体表现如下：

1. 美国华人社区是没有明确地理界线的社区

进行言语社区调查的前提是明确"社区"的范畴。提出这个概念的是德国社会学家斐迪南·滕尼斯（Ferdinand Tonnies），他并没有强调"社区"的定义一定要与地理位置有关联，而是认为它可以是地域共同体、血缘共同体或者精神共同体。多项关于言语社区的研究表明，社区建立在人与人之间的密切关系之上，这种关系会唤起人们对社区深刻的归属感和认同感。因此，某些学者建议，在明确"地域"中心的情况下，言语社区的外围边界可以与社会学定义的社区划分一致，也可以存在一定程度的模糊性，并不一定需要明确的地理界线。

根据这个标准，我们可以看到，如今世界各地有许多华人聚居地，其中既存在有明显的地域划分的社区，也有地域边界模糊、成员之间主要依靠语言和文化认同维系关系的社区，甚至这类社区更多。通常来说，地域界线明确的华人社区规模较小，其中最具代表性的例子便是新加坡的华人社区以及历史上华人居住区高度集中的唐人街。地域边界模糊的华人社区主要指那些成员流动性很高但在某些方面却保持紧密联系的社区。美国华人在居住模式上经历了一个从以地理社区为主导到更加注重精神社区的变化的过程。以第二次世界大战为分界线，划分为两个时期。唐人街最初形成并初步发展阶段被称为前期，之后经历与发展的阶段被称为后期。这个过程完整地反映了二战对美国华人社区的性质所带来的影响。众所皆知，在二战之前，美国华人作为一支外来族群居住在这个国家，必须依靠群居的方式互相照应才能生存下来，这可以通过观察当前美国各大城市唐人街的格局得到证实。尽管唐人街在早期是美国华人聚集最多的区域，也是华侨经济活动的保护区。因此，可以说美国早期的华人社区是以地理边界为界线的社区。自第二次世界大战后，北美迎来了大量的华人移民，唐人街的人口大幅增加。随着华人人口数量的增长，美国各地的唐人街规模不断扩大。对于很多美国人或一般游客而言，唐人街的变化可能并不是非常明显。然而，那些对华人社区了解得非常深刻的居民可以察觉到，唐人街在过去几十年里发生了巨大的变迁。随着越来越多的华人移民拥入，唐人街面临空间不足的问题，因此一些华人被迫离开唐人街。华人数量的增加使传统的华人社区面临着新的挑战和变革。这导致了美国传统华人社区居住结构的变化和社区特征的重新定义。其特征在于他们广泛分布于各个居住区域，并且生活方式多样且不固定。以纽约为例，当前的华埠已经向周边延伸，北至小意大利区，南至河边码头，西至苏豪区，东至格林尼治村。这意味着华埠的居民越来越倾向于向周边地区扩张。这已经成为当地华人改变居住模式的趋势。此外，美国的华人并非集中居住在某个地区或城市，他们分布在不同的州和城镇。他们的居住地经常会因为工作和留学等原因发生变化，而不是固定在一个地方。

2. 美国华人社区是成员互动频繁、享有共同设施的社区

衡量一个群体是否符合言语社区的重要标准是其成员之间的互动情况。海外华人之间互动的开展需要依赖特定的地理空间或使用特定的方式和手段。这些互动平台可以被称为海外华人社区共有的社区设施和财产。华人通常在华文学校、华人团体、华语媒体和其他华人聚集的地方建立他们的互动渠道。

在海外，中文学校是给华人子女提供中文教育的学校。因为许多华人的孩子年纪还很小就随父母来到美国，并不能像国内同龄孩子一样系统地学习中文。父母工作繁忙，无暇给孩子进行中文教育，所以在海外华人社区中，中文教育成为一项备受关注的问题。中文学校的职责不仅是教授中文，还充当当地华人聚会联谊的场所。在接送孩子上学的途中，家长们可以共同交流孩子教育方面的信息。由于许多人都有留学移民背景，因此他们很容易走到一起，并自然形成一个华人社区。中文学校是全球各地华裔和非华裔美国家庭交流语言、文化的重要聚集地，在加强华人移民之间的联系和凝聚力、促进当地华人社区的繁荣和发展方面发挥了至关重要的作用。

华人社团在海外华人社会中扮演着至关重要的角色。它们在社会中的功能包括协调海外华人族群之间的关系，促进华人与当地社会的关系等。自20世纪60

年代起，华人华侨从中国各地通过各种形式和渠道迁居美国，形成了各种不同内容和形式的华人社团，使美国的华人华侨社团数量快速增长，从20世纪50年代约占当地海外移民社团总数的1/8发展到20世纪80年代约占总数的1/4。这种现象表明华人社团在美国华人日常生活中扮演了极为关键的角色，促进了华人之间的情感交流和联系。

推广汉语文化的主要途径绕不开中文媒体，而这些媒体也是华人社区不可或缺的一部分。华人最常用的沟通媒介包括各种中文平面媒体，如报纸、杂志、书籍等出版物以及各类电子媒体。得益于现代先进技术的支持，中文媒体已经打破了地理屏障，呈现出快速发展的势头。这些媒体不仅为华人提供了更多的社会流动机会和全新的生活方式，而且在逐步改变着华人之间的互动方式，创造了非实时交流的可能性，摆脱了时空限制。美国的中文媒体，包括中文印刷、中文电视以及中文资讯网等。这些媒体为华人社区提供了丰富的资源和信息。尽管它们在形式和内容上有所不同，但是因为同属于汉语文化圈，它们对于促进华人之间的互动和海外华人文化凝聚力方面具有非常重要的作用。

最后还要提及的是唐人街。美国的许多大中城市都拥有唐人街，其中包括纽约、华盛顿、芝加哥、休斯敦以及旧金山等城市，美国是全球唐人街数量最多的国家。根据历史发展状况来看，唐人街是华人移民早期在美国聚居的区域。唐人街拥有许多礼品店、古董店、中药店、中医馆、参茸店、土特产店、中餐馆、西餐馆、工艺店、戏院、文化中心、百货店、剧院、书店、中文学校等，还有肉店、菜店、银行、金铺、熟食店等。这里既展现着华夏悠久的历史和现代的文明，也反映了美国华人之间的密切互动和交流。

3. 美国华人在语言和文化认同方面拥有一致性

"语言认同"指的是一群人对特定语言符号的形式和含义达成了群体认同，不只是关于语言本身的认同，还涉及社会文化和人群身份的认同。对于同一言语社区的成员来说，语言认同也反映了他（她）对自己所处社区的认同。在考察一个语言社群的特质时，人们通常将语言认同视为最关键的要素。由于语言认同是基于对本民族文化的认同建立的，因此，其与人们对自己所属文化的评价密不可分，研究者通常需要同时考察语言和文化两个方面。

在美国华人社区，虽然普通话和方言、繁体字和简体字等在美国华人社区各有其应用的场合和使用的人群,但是事实上,所有华人在书面交流时都使用"汉字"。这些汉字成为他们之间顺利沟通和互动的符号。而且尽管华人在美国居住,但大多数人仍然持有不同程度的"异乡人"的身份认识。华人与以白种人为主的英语使用者相比,在对自身认同感的表达上有所不同。这种意识在许多方面都有体现,包括身体特征如肤色、体型和血统,以及语言和对于中西两种思维模式差异的认知。这些因素造就了美国华人群体的独特之处,使他们成为一群既受美国文化影响又富有中国文化特色的"美国华人族群"。

第三节 当代中文国际传播的机遇

一、中文国际传播的发展概况

(一)中文国际传播的根基——中文学校

中文学校的历史可以追溯到早期华人移民时期。在19世纪和20世纪初,大量华人移民拥入东南亚国家、北美洲和其他地区,为了保持自己的文化传统和语言,华人移民组织建立了中文学校。最早的中文学校在马来亚(现马来西亚)和新加坡,改变私塾蒙馆形式采用近代学制的第一所中文小学是1905年陈楚楠等人发起设立的养正学堂(后来改称崇正学校)。随着时间的推移,越来越多的华人社群建立了自己的中文学校,为子女提供中文教育和文化传承的机会。

中文学校的发展也与中国政府有关。20世纪初,中国政府开始积极支持海外华人的教育事业,并派遣教师到海外中文学校进行中文教学。这进一步促进了中文学校的发展和壮大。

可以说,华人华侨保护和弘扬母语教育的历程,浓缩着汉语在海外的传播历史,正是华人华侨社会对其子女的中文教育推动了汉语在海外最初的发展。

1. 亚洲

(1)日本

日本的华侨学校众多,面向的群体大多是在日本成长的第二、三代华裔子女,家长将子女送进华侨学校,主要目的是让子女学习汉语并接受中国文化熏陶,因此，小学部的教学内容即中国语言与文化。中学与高中部的教学目标则有所调整，强调升学与诚信勤俭的人生观以及为未来顺利融入日本主流社会做准备。

（2）韩国

自从韩国恢复使用汉字以来，无论是不是华人华侨子女，对汉语都有很高的学习热情。会说中文并且能写汉字，在韩国社会普遍被视为精英阶层的一种表现，通晓中文的人才，无论在政府机构还是跨国企业里，都会受到更高的重视。

（3）东南亚

东南亚是海外华人最多的地区，全球华人最多的三个国家（印度尼西亚、泰国、马来西亚）都在东南亚，东南亚也是中文教育的大本营，家长普遍重视孩子对中国文化、语言的学习。

2. 美洲

（1）北美洲

北美洲拥有众多华人，在全球范围内仅次于东南亚国家。美国犹他州州政府通过立法，要求所有公立学校开设汉语课程。汉语传播在美国受到重视，最主要的原因并非华人华侨人数的增加，而是越来越多的美国人意识到，中美之间的关系不仅是一种区域性关系，更是一种全球性关系。中美之间无论是在经济上或文化上都必须拥有更多的来往，培养了解中国并且能与中国建立良好沟通的汉语人才，是如今美国语言教育的重任。

（2）中南美洲

中南美洲的中文教育远不如北美洲优越。中南美洲国家通用的语言是西班牙语和葡萄牙语，华人华侨子女就算在家里讲汉语，到了学校之后，便逐渐以当地语言取代母语。虽然如此，他们仍在华人华侨的社团以及宗教背景组织的支持下传承华文教育，并且随着中国经济的高速增长、国际地位的提高，中文教育进入新的发展阶段。

3. 欧洲

欧洲是近年来中文教育发展较为顺利的地区，中文教育学校规模逐渐扩大，学生人数不断增多。

法国的华人华侨组织积极开办中文学校或中文班。旅法华侨文成联谊会、潮州会馆、法国华裔互助会、法国广肇同乡会、法国青田同乡会、法国上海联谊会、法国北方华人协会、法国里昂中华联谊会等社团都创办了中文学校或中文班，法国各类型中文学校超过 100 所，法国汉语教师协会也从 1984 年创建时的 30 多名会员发展到约 300 名会员，增长近 10 倍。①

意大利的罗马、米兰、都灵、普拉托等城市都有意大利华人社团设立的中文学校。据媒体报道，2011 年，"普拉托华人华侨联谊会中文学校"从幼儿部到初中部共招生 1100 多人，开设了中文、意大利文、武术、舞蹈等 78 个不同程度的班级，成为意大利乃至欧洲最大的中文学校。②

俄罗斯向来是研究中文的重镇。近年来，各大学的中文系更成为热门系部。莫斯科语言大学、俄罗斯人文大学、莫斯科东方实验学院、俄罗斯人民友谊大学等校的中文相关系所都有超收中文学生的情况。莫斯科大学亚非学院副院长高念甫说：这股中文浪潮，正席卷整个俄罗斯。③

4. 大洋洲

在澳大利亚，华人办的中文学校可分为两类：一是华侨社团和教会成立的学校，二是私人独立性质的学校。新西兰拥有越来越多的中国移民，中文教育也渐渐兴盛起来，如规模较大的"艾黎中文学校"以及最早采用简体字教学的"奥克兰中文学校"等。④

5. 非洲

广大的非洲大陆是汉语推广的重要腹地，但是因为生活条件与经济状况等种种因素，也是最缺乏教师、教材、经费等资源的地区。非洲各国经济、教育发展的不平衡以及与中国交流合作的密切程度不一，导致了汉语教学在各个国家发展的不平衡性。从区域看，以埃及、突尼斯、苏丹为代表的北非国家是汉语教学历史最悠久、规模最大的地区。南部的毛里求斯等国的汉语教育近几年才逐渐发展，但有后来居上的趋势。东非的汉语教学也是近年来才开始逐步发展，而中西非则是面临最多困难的地区。

---

① 吴梦蕾. 由法国中文国际班管窥当代法国外语教育政策的特点 [J]. 语言教育，2020，8（1）：76-83.
② 李宝贵，庄瑶瑶. 中文纳入意大利国民教育体系的现状、特点及启示 [J]. 国际中文教育（中英文），2021，6（3）：75-84.
③ 李敬欢，李睿. 俄罗斯本土中文教学资源建设研究 [J]. 民族教育研究，2021，32（6）：157-165.
④ 11 家研究和教育机构开展 APOnet 合作将亚太大洋洲地区连接起来 [J]. 中国教育网络，2021（7）：51.

（二）汉语推广的标志——孔子学院

在借鉴他国语言推广经验的基础上，我国推出了教学机构——"孔子学院"，该机构属于公益性质，旨在面向海外群体教授汉语、传播中国文化。孔子学院秉承"和而不同"的宗旨，助力中国乃至世界文化的交流融合，是汉语及中国文化面向全球推广的重要平台。

除了汉语教学，孔子学院还致力于传播中国文化和价值观，通过举办文化活动、艺术展览等，帮助外国学生更深入地了解中国文化，增进中外文化交流与合作。孔子学院不仅为外国学生提供学习汉语的机会，也为中国学生提供了学习外语和体验不同文化的机会。孔子学院在世界各地搭建桥梁，促进了跨文化的交流与互动。

（三）汉语教学的重镇——中国各大城市与旅游地区

虽然语言学习方法多种多样，然而效果最明显、成效最快的依然是沉浸式教学，也就是语言学习者置身目标语言的环境之中。很多父母送子女赴海外留学的原因也是如此，这不仅是语言学习的有效途径，也是拓宽眼界、感受异国文化的好机会。

外国人学汉语自然也是如此。能够到汉语国家居住一段时间是学习汉语最直接的方式。近年来，到中国各个城市学习汉语的外国人数量不断增长。除了到中国留学以及对中国语言文化有兴趣的学生之外，在一些城市还有大批企业派驻的外籍人士及其家属。这些外派人员来自世界各地，为了工作、生活的便利，他们通常都会学习汉语，部分对语言文化兴趣较高的人还希望能够学写汉字。

二、中文国际传播的措施

从宏观层面分析，中国的经济水平持续增长，中国的国际地位不断上升，在国际范围内持续掀起"汉语热"，这意味着中文国际传播将迎来越来越广阔的舞台。汉语国际推广需要丰富、高质量的教材和资源，还需要教育工作者具备跨文化交际能力，能够理解和应对不同文化背景下学习者的语言需求和心理特点。

从中观层面分析，不同国家和地区的学习者具有不同的文化背景和价值观念，语言学习的动机和目标也存在差异。教育工作者需要了解和尊重这些差异，调整教学方法和教学内容，以满足学习者的个性化需求。

从微观层面分析，在现代中文国际教育中，教育工作者需要崇尚以学生为中心的教学观念，注重培养学生的综合素养和能力。中文国际教育需要与时俱进地编写教材，注重语言实用性、跨文化交际技能，以及与学生背景和兴趣相关的内容。此外，教材的多样性也需要提升，以满足不同学习者的需求。应推动课程设计的创新，引入实践性的项目、任务和互动活动，培养学生的语言应用和跨文化交际能力。教师培训应注重教育理论与实践的结合，提供多样化的培训内容和形式，以适应现代中文国际教育的需求。

第四节 当代中文国际传播的发展对策

一、文化策略

（一）突出与生活相关的文化特色

从多年来的文化反馈中可以看出，外籍汉语学习者普遍关注中国的名胜、美食、风土人情等。相比之下，虽然一部分人对中国传统文化持有兴趣，但不一定会专门系统化地学习中国传统文学、哲学等。可见，日常生活其实是文化沟通最广阔的窗口，中国人的现代生活也是独具魅力的文化风景。

汉语教学工作者可以在教学中引入实践性内容，将中文学习与日常生活密切结合，将实践性内容融入教学中。例如，通过引入实际情境、场景模拟和角色扮演等方式，使学生在学习中能够直接应用所学的中文知识和技能，培养自己的语言运用能力。

此外，体验式学习也是非常有效的策略。教师可以提供多样化的体验活动，让学生参与其中，感受中国文化的独特魅力。可以组织学生参观中国传统艺术表演、制作传统美食、参加传统节日庆祝活动等，让学生通过亲身体验深入了解中国文化。教师应鼓励学生与当地中国人进行跨文化交流，通过与中国学生或社区居民进行面对面交流，了解他们的生活、思维方式和价值观念，促进文化间的相互理解和交流，增强学生对中国文化的认同感。可以选择与生活相关的教材和资源，如实际生活中的对话、新闻报道、电视节目等，让学生通过学习这些材料了解中国社会的方方面面，从而更好地理解和体验中国文化。

（二）开创中国特有的流行文化

文化传播的重点对象是青少年群体，因此，备受年轻人欢迎的流行文化也是文化产品中的重头戏。美国的文化产品在全球范围内有着广泛的影响力。如此背景当然对其他各国的流行文化传播造成了不可小觑的压力，但是，日本在文化输出上也拥有与美国不相上下的实力，并且给各国留下了完全不同于美国文化的印象。所以，虽然流行文化旨在娱乐大众，但不能因为盲目从众而失去自己的特色。目前，在年轻群体中影响力较大的流行文化包括影视作品、网络文化、科技和游戏等。我们可制作具有中国特色的电影、电视剧和综艺节目，在国际市场上推广。这些作品可以通过有趣的剧情、富有创意的故事情节和精良的制作质量，吸引全球观众的注意，并在其中渗透中文学习的元素。我国社交媒体可以利用互联网和社交媒体平台，打造中国特有的网络文化现象。这些文化现象可以结合中文学习的内容和方式，引起年轻人的关注，促进中文国际传播。科技与文化从业者应结合中国特有的科技和游戏元素，开发具有中文学习功能的手机应用程序和在线游戏。通过这些应用程序和游戏，让用户在娱乐中学习中文，提高学习的趣味性和互动性。

中国的流行文化产品并不一定要依托传统文化元素，许多原创性强、富有时尚因素的文化产品都取得了成功。但是，相关国际市场调查表明，许多西方观众都很欣赏具有鲜明中国元素的影视作品，所以从营销角度分析，要在国际范围内得到关注，可以考虑设计更多彰显中国元素的文化产品。

可以说，产品有良莠之分，而文化并无优劣之别。所以，要让中国流行文化提升国际地位，关键举措在于关心并尊重小众的文化取向，以教育手段提升大众的品位，使作品满足不同群体的文化诉求。而且，大众传媒的质量也影响着文化产品的推广程度与范围，无论何种形式、何种内容的文化产品，都离不开大众媒介的支持和承载。所以，要想更广泛地向全世界传播文化产品，必须重视中国大众媒介影响力的提升。

（三）提升当代社会的文化内涵

只有自我文化的深刻积淀才能促使文化认同提升。通过深入了解和学习本土文化，个体可以更好地感受到自己与文化之间的联系和归属感。文化认同的提升使个体在跨文化交流中更加自信，能够更好地表达自己的观点和思想。自我文化的提升可以促进文化的传承和发展。个体对自我文化的认同和参与，将推动文化的创新和演变，为文化进步提供源源不断的力量。在跨文化交流中，个体要有对自我文化的自信和认同，才能更好地理解和尊重其他文化。只有具备较高的自我文化认同水平，才能在跨文化交流中建立起平等、包容和互相学习的基础。中文国际传播工作者不仅要大力弘扬优秀传统文化，还应注重提升当代社会的文化内涵。

政府可以积极组织和推动中外文化艺术的交流与合作，举办文化展览、音乐会、戏剧演出等活动，引进国外优秀的文化艺术作品，同时向国外介绍中国的传统与当代文化艺术。这样可以丰富中文国际传播的内容，增加其吸引力。在进行中文教育的同时，推动外语教育的改革。培养具备多语言能力的人才，为他们提供机会学习中文，并将中文纳入外语教学的课程体系。这样可以提升中文在国际教育中的地位，加大中文的国际传播力度。利用互联网和数字化传媒平台，分享在线中文学习资源，如中文教程、综艺节目、电影等。这样可以提供便捷的中文学习渠道，吸引更多人学习和了解中文。加大中文图书、期刊和报纸在国际市场上的推广力度，鼓励优秀作品的翻译和出版，促进中国优秀文化作品的跨国传播，让更多人通过阅读中文作品来学习中文和了解中国文化。

（四）加强大众媒介的传播效果

要想借助大众媒介获得外籍人士的关注和认可，就应使其回归基本功能，即监视环境、传承文化、娱乐大众、联系社会，切不可盲目媚外或模仿，否则就会流于表面。

在现代文化传播中，大众媒介发挥着强有力的作用。因此，要想更高效、更广泛地推广中文与中国文化，需要充分重视并发挥大众媒介的价值。为了提升大众媒介的实力，相关部门应积极制作和推广高质量的中国文化内容，包括新闻、电影、音乐、综艺等。这些内容应该能够反映中国的多样性和独特之处，同时也要具有吸引力。大众媒介可以开发多样化的中文节目形式，包括纪录片、访谈节目、综艺节目等，以呈现丰富的中国文化内涵。这些节目可以涉及历史、文学、艺术、哲学等领域，帮助观众深入了解中国文化。可以积极利用社交媒体和在线平台，建立中国文化传播的线上社区。通过在微博、微信、抖音等平台上推送中国文化内容，吸引更多人参与讨论和分享，扩大中国文化的传播范围。还可以开展多语种中文内容的制作和推广，通过将中文与其他主要语言相结合，制作双语或多语版本的节目、新闻报道等，吸引更多母语非中文观众学习中文和了解中国文化。

二、传播策略

（一）跨文化传播模式

传播的本质是将信息从一个个体传递给另一个个体。无论是通过口头传播、书写、电子媒体还是其他形式，信息的传递都需要进行沟通。发送者需要选择合适的方式和手段来表达信息，接收者则需要理解并解读这些信息。这个过程涉及人与人之间的沟通和交流。

传播的目的不仅在于让接收者接收和理解传递的信息，更重要的是建立起传播者和接收者之间的共享意义。传播者需要通过语言、符号或其他方式将自己的意图转化成可理解的形式，而接收者则需要领会这个意图，积极地参与和反馈，以实现有效的沟通。共享意义的过程同样基于人与人之间的沟通。传播是一个相互作用的过程，需要接收者的反馈和参与。无论是通过言语、文字还是其他方式，接收者都有机会对传播的信息进行回应和反馈。这种反馈和互动是通过人与人之间的沟通来实现的。因此，无论何种形式、何种内容的传播，都离不开人与人之间的交流，中文国际传播作为跨文化传播学的分支，其研究的重点自然也是人与人之间的关系。

跨文化传播的首要原则是尊重和理解不同文化的差异。传播者需要对接收者的文化背景、社会习惯和沟通方式有一定的了解，并尊重和接纳这些差异，建立起互相尊重的交流基础。

跨文化传播需要借助适应性沟通来确保信息的准确和有效传达。传播者需要根据接收者的文化背景，选择合适的语言、符号和表达方式，让接收者能够理解和接受传播的内容。这可能涉及语言的翻译、文化隐喻的解释、图像的调整等方面。在进行中文国际传播时，传播者可以采取一些文化调整和本土化的策略。这意味着要根据接收者的文化背景和个人喜好，对原始内容进行一定程度的调整和改编，包括但不限于调整语言表达方式、加入本土化元素等。跨文化传播应鼓励互动，以进一步增强传播的效果。传播者可以积极与接收者进行交流，了解他们的反馈，并根据需要做出调整。此外，在跨文化传播中，也可以借助互动平台和社交媒体，为受众提供参与和分享的机会。

（二）跨文化传播策略

1. 开启对话式跨文化传播模式

对话式跨文化传播模式强调的是双方的平等交流和相互理解。它不仅是单向的信息传递，还建立在互动和共享的基础上。通过对话，双方可以更好地了解对方的观点、经验和价值观，加深彼此的理解和认同。对话式跨文化传播模式能够促进文化的交流和融合。通过跨文化对话，双方有机会分享自己的文化、习俗和价值观，增进对彼此文化的理解和尊重。这有助于减少误解和偏见，并构建更加包容和多元的文化环境。因此，教育学界普遍认为对话式跨文化传播模式是较理想的跨文化传播策略之一。

只要对话双方都保持健康和谐的心态，必然能形成自然对话的模式。在尝试对话式跨文化传播模式时，教师可以创建在线社交媒体平台、论坛或微博等互动交流平台，以便中文使用者与非中文使用者进行交流和对话。这样的平台可以鼓励非中文使用者分享他们对中国文化的看法、体验和问题，并提供机会让他们与中文使用者进行互动。

2. 重视各种跨文化传播的渠道

跨文化传播的渠道主要有三种：大众传播渠道、组织传播渠道、人际传播渠道。

大众传播渠道是指通过广播、电视、报纸、杂志、互联网等大规模媒体向公众传播信息的方式。大众传播渠道具有群发性和覆盖广泛的特点。大众传播渠道可以将跨文化信息以统一和标准化的形式传达给受众。

组织传播渠道是指通过组织或机构向目标受众传播跨文化信息的方式。这里的组织或机构包括政府机构、非营利组织、教育机构、跨国公司等。组织传播渠道通过内部媒体、外部宣传、活动组织等方式来推广和传递特定的跨文化信息。相比于大众传播渠道，组织传播渠道更加灵活和具有个性化。组织传播渠道可以根据目标受众的特点和需求选择合适的传播方式和平台，并提供更加深入和具体的跨文化信息。

人际传播渠道是指通过人与人之间面对面的交流来传播跨文化信息的方式。具体传播方式包括对话、讨论、演讲、会议等形式。人际传播渠道强调的是双方的互动和共享，能够实现更加个性化、精准和深入的传播。在跨文化传播中，人际传播渠道尤为重要，因为它能够让不同文化背景的人们直接交流和分享彼此的观点、经验和价值观。人际传播渠道有助于增进对跨文化信息的理解和认同，并建立起更加紧密和深入的联系。

3. 建立公正有效的政策监督机制

我国政府已经出台了较多支持中文国际传播的政策，高效精准地执行文化政策，收获了显著成果。但是，不能因此忽视政策监督的作用，以防出现质量下滑的情况或其他文化危机。监督机构应定期对中文国际传播活动进行监测和评估，如收集数据、调查研究、监控媒体内容等。监测可以了解中文国际传播的实际情况，评估传播效果和影响力，检测违规行为。监督机构应与利益相关者共同制定中文国际传播的准则和标准。这些准则和标准应涉及信息真实性、隐私保护、版权保护、道德规范等方面，为中文国际传播提供明确的行为规范和界限。

4. 落实各群体的跨文化传播教育

在已知的改革形式中，教育是根本策略，其改革效果最为长效持久。同理，要想支持跨文化传播的顺利进行，就应将跨文化理念植根于每一个人心中，使本国人与外籍人士、本国人中不同文化和背景的人们和谐相处。为此，跨文化工作者可以与不同文化群体的机构、组织或个人建立合作关系，通过举办文化活动、参与国际会议、合作项目等方式实现跨界交流。通过合作与交流，各群体可以相互学习和分享经验，增进了解，促进不同文化之间的融合与共享。

（三）跨文化传播知识体系的建构

在考虑跨文化传播知识体系的建构时，应厘清知识体系建构的普遍规律。大部分学科的知识体系都可大致分为常识、知识以及行动三个由浅入深的领域，跨文化传播知识也不例外，用专业性更强的方式表达，这三个领域分别是基础教育方面的文化概念与常识、通识文化或特定的专业知识、跨文化传播活动指导。

文化概念与常识指的是对于文化背景、价值观和习俗等方面的认知和了解，包括人们对自己所属文化的理解以及对其他文化的基本了解和尊重。通常情况下，公共教育的初级或中级阶段都包含文化概念与常识教育，旨在帮助社会公民构建完善的教育文化概念体系。人们在这一阶段所掌握的知识将在未来成为个人的文化基础，跨文化的相关认知也建立在此基础之上。人们会在接触不同形式的文化的过程中，逐渐形成归类印象（个体在认知过程中，根据事物的特征、共性或相似性将其归纳到某个特定的类别或范畴中，并以此为基础形成的对该事物的主观印象或认知），作为日后文化拓展的基础。文化概念与常识能帮助人们理解不同文化之间的差异和特点。通过了解其他文化的价值观、信仰和习俗，我们能够更好地欣赏和尊重其他文化。这种理解和尊重是促进跨文化交流与合作的基础。了解合作对象所在国家或地区的文化概念与常识有助于构建有效的跨文化沟通和交流。

在掌握基本的理论知识之后，跨文化传播就可以进入实战部分。具体来说，传播者要学会控制自己的焦虑情绪、理性应对歧视或误解、摒弃自己的歧视和优越感、化解刻板印象等。跨文化传播需要保持一种开放的心态，愿意接受和理解不同文化的观点、价值观和习俗。开放心态意味着不带有偏见或歧视，尊重和欣赏多元文化，乐于学习和接纳新鲜的文化体验。跨文化交流互动参与者应积极主动地学习和了解其他文化，包括其历史、艺术、宗教、习俗、社会制度等。可以通过阅读书籍、参与文化活动、与不同文化背景的人交流等方式进行。通过深入了解其他文化，我们可以更好地理解其背后的价值观和行为模式，避免误解和冲突。在跨文化传播中，尊重和包容文化差异是至关重要的。尊重意味着承认每种文化的独特性和合法性，而包容则意味着接纳不同文化间的差异，并愿意寻求共同点和交流的机会。尊重和包容是促进文化交流和理解的基础，也有助于建立积极和谐的跨文化关系。

需要强调的是，跨文化传播教育不应限制在高校教育的范畴中。儿童的早期教育时期是培养跨文化意识的重要时期。学前教育机构可以通过多元文化教材、多样性的活动和社交互动等方式，向儿童介绍不同的文化、习俗和价值观。此外，鼓励家长也参与其中，提供跨文化背景的故事、音乐和游戏等资源，帮助儿童形成积极的跨文化认知。同时，要根据儿童的年龄和发展阶段，选择合适的教学资源和活动方式，确保儿童在愉快的环境中积极地学习和接受跨文化知识。

三、营销策略

（一）将汉语事业视为文化产业

虽然汉语教学确实是教育事业的一部分，但从目前的文化传播需求和形势来看，无论是汉语教材的编写还是基于大众媒介的汉语教学，都应当算作文化产业的范畴。

文化产业也叫文化创意产业，是指以文化创意、艺术表演、文化产品和文化服务为主要内容，经过加工、创造和传播以及相关商业运作，从而产生经济利益和社会影响的产业领域。文化产业的核心在于创造力和独特性，涵盖了广泛的艺术形式、文化表达和创意产物，如电影、音乐、文学、设计、时尚、游戏等。创意是文化产业发展的驱动力，为人们带来新的视觉、听觉和思考体验。文化产业不仅追求艺术性和创意，还以商业运作为支撑。通过市场需求和商业模式的引导，将文化创意转化为可销售的商品和服务。商业化为文化产业提供经济价值和可持续发展的基础。文化产业是多元化的，涉及各种形式和领域，包括传统的文化遗产及现代的艺术表演、文化创意产品、媒体与娱乐产业等。文化产业的多元化既体现了不同地域、民族和文化背景的特点，也反映了不同艺术形式和表达方式的丰富性。文化产业的发展涉及创作、制作、传播和销售等环节。这些环节相互关联，形成了一个完整的价值链。从创意的诞生到制作和加工，再到媒体传播和市场消费，每个环节都对文化产业的发展起着重要的作用。文化产业不仅是经济产业，还具有重要的社会影响力。它能够传递价值观念，推动社会变革，促进文化交流、认同和多样性。文化产业通过艺术表达和创造力丰富人们的生活，激发思考和情感共鸣。

文化产业在根本上是通过创造内容来运作的，艺术家、创作者、制作人等专业人士利用他们的创造力和才华，生产出独特的文化内容，如电影剧本、音乐作品和文学作品等。作为一种内容产业，文化产业的基础在于文本信息，但其表现方式又极富创意，因此具有充足的市场价值。

汉语教材本身是一种文化产品，不仅包括语言知识和技能的传授，还融入了中国语言、文化、历史和社会背景等方面的内容。通过教材，学习者可以更深入地了解和体验中国的文化。同时，大众媒介教学也在广泛传播中国文化，为全球范围内的学习者提供接触和了解中国文化的机会。汉语教育和大众媒介教学涉及市场需求和商业运作，出版社、培训机构和在线平台等机构开发和销售汉语教材，以满足学习汉语人群的需求。通过大众媒介（如电视节目、网络课程等），广泛传播推广汉语教学。这些都是基于商业考量而进行的活动，目的是获取经济利益。汉语教育和大众媒介教学的兴起对于中国经济的增长和国际影响力的提升具有重要作用。随着中国的崛起，越来越多的人对学习汉语表现出兴趣。通过汉语教育和大众媒介教学，中国可以向世界传播自己的语言和文化，加强与其他国家和地区的交流与合作，提升国际声誉和形象。因此，不管是汉语教材出版、汉语教学节目编制，还是依托于游戏、动画等设计的教学软件，都更接近文化产业。

文化产业可以通过各种形式的媒体和娱乐产品来激发人们学习中文的兴趣。例如，电影、电视剧、音乐和网络节目等可以作为语言资源，帮助学习者提升中文水平，这些媒介不仅可以让学习者接触到自然、生动的语言环境，还可以加深他们对中国文化和中国社会背景的了解。文化产业可以展示中国文化、历史传统和现代社会的方方面面，向世界传递更多关于中国的信息。电影、音乐、艺术表演和文学作品等可以将中国文化的独特之处呈现给国际观众，加深他们对中国价值观的理解和认同。文化产业的兴起可以提升中国的文化软实力。通过推广中文教学和传播中国文化，中国可以在国际舞台上塑造积极的形象，促进国际文化交流与互动。这有助于提高中国的国际声誉和影响力，为国际交往与合作提供良好的基础。文化产业的发展可以激发中文创意的创造与输出。通过电影制作、音乐创作、文学出版等方式，可以将中文创意产品推向国际市场，为中文国际传播活动提供更多有吸引力的内容。同时，鼓励和支持具有创意和价值的文化产品的创作，有利于培养中国文化产业的竞争力和创新能力。

政府可以出台相应政策给予文化产业以支持和鼓励，为文化创意企业提供优惠条件和资金支持；同时，建立健全版权保护和知识产权管理机制，为文化产业的繁荣创造良好的环境。与其他国家和地区开展文化产业领域的交流与合作，共同举办文化活动、合作制作影视作品、举办文化交流项目等，有助于拓展中文在国际舞台上的影响力。文化传播企业可以与中文教育机构合作，提供多样化、有趣的中文学习资源。例如，为学习者设计适合不同水平和背景的教材、游戏、应用程序等，通过互动体验和娱乐性的方式激发他们的学习兴趣。借助互联网和先进的技术手段，文化传播企业可以开辟在线教育市场，提供全球范围内的中文学习服务。在线教学平台、虚拟现实技术等工具可以打破时空限制，让更多人便捷地学习中文，并且能够提供个性化的学习体验。

（二）为汉语进行国际营销

1. 开发国际品牌

中文国际传播中较有代表性的范例是《牡丹亭》的赴美演出：由著名作家白先勇担任总制作人和艺术总监的昆曲《牡丹亭》，曾在海内外巡演达百次之多，是中国戏曲进入美国主流社会的成功范例，甚至有西方媒体评论其为自梅兰芳1929年访美演出后，中国传统戏曲对美国文化界的又一次冲击。可见，只要拥有过硬的质量，以中国文化为主题的文化产品完全可以成为知名的国际品牌，无论是杰出的文艺作品，还是走红国际的中国当代艺术家，都会成为传播中国文化的"形象大使"，与知名品牌等同，在汉语传播工作中大放异彩。

中文国际传播应从教学渠道和非教学渠道入手，开创国际品牌，打造具有高品牌知名度的文化产品，大力发挥文化产品国际营销的作用，研究产品组合策略，实现不同文化产品的有机协作，扩张、巩固彼此的市场。应当制定精确的市场营销策略，根据目标市场的特点和需求，选择合适的推广渠道和方式。可以通过社交媒体、电视广告、在线流媒体平台等手段推广文化产品，提升其知名度和影响力。

2. 提升服务质量

要提升中文国际传播的质量，可以从整合资源、提供高质量的教育服务、进一步推广中文教育、创新教学方法、建立用户反馈机制等方面入手。建立完善的资源体系，包括语言学习资料、翻译工具、语言培训机构等，以满足用户对中文了解和学习的需求。提升中文教育的质量，通过培养优秀的教师队伍、制定科学的教学大纲、提供在线学习平台等方式，确保教育服务的专业性和有效性。加大中文教育的宣传力度，吸引更多的学习者参与。与学校、教育机构、社区团体等展开合作，开展中文培训班、夏令营等活动，提高中文教育的知名度和影响力。

借助现代技术手段，如在线学习平台、移动应用程序等，提供创新的中文学习体验。结合游戏化学习、虚拟现实等技术，设计互动性强、趣味性高的中文学习内容，提升学习者的积极性和参与度。收集用户对中文学习和教育服务的意见和建议，根据用户的需求和反馈，不断改进和优化中文教育的服务模式和内容，提升用户满意度和学习效果。

除上述要求，服务精神也是提升服务质量中重要的环节。中文国际传播中的服务精神意味着不盲从、不极端，体现中国特色，认识服务的本质。服务精神强调对不同文化的尊重和包容。在中文国际传播中，应积极推广中国的优秀传统文化价值观，同时也要尊重和理解其他文化的差异，避免对其他文化产生歧视或偏见。强调共享与互助，鼓励人们互相帮助和分享资源。在推动中文国际传播的过程中，可以构建一个开放的学习资源平台。学习资源平台将汇集各类优质的学习资料、学习工具等，为广大中文学习者提供免费使用和分享的机会。这样不仅可以促进学习资源的共享，还能有效地推动其广泛传播。

3. 结合海外力量

在社会身份上，华侨是各国人士了解华语世界的窗口，其言行举止是汉语的载体；在经济运转上，华侨的经济能力和社会地位等又是汉语推广的后盾。因此，华侨群体一直以来都是海外中文传播的重要力量。

目前，汉语推广已呈现全新的局面。在华侨生活区，汉语学习者已由华侨子弟扩展到当地人中，华侨子弟也渐渐认识到汉语的意义，不再将其作为体现身份的表面形式，而是当作实用的生活技能。汉语教育工作者应强调文化传承和身份认同，介绍汉语作为华人的母语和中国的官方语言的重要地位；明确指出通过学习汉语，年轻人可以更好地理解和传承自己的文化和身份，并与祖辈保持有效的沟通；还可以说明汉语在全球范围内的重要性和应用的广泛性，指出学习汉语可以为年轻人提供更多就业和商业合作机会，尤其在涉及中国市场、贸易、文化交流等领域。

4. 创造多赢策略

学校、社区机构等非营利组织可以与企业合作，共同推动中文教育的普及和提高。企业可以提供资金、技术支持等，帮助非营利组织建立更优质的中文教育项目和课程。企业可以与非营利组织、文化机构等合作，举办文化节、音乐会、艺术展览等活动，通过文化交流来宣传和推广中文。这样的合作不仅可以增强企业的品牌影响力，还能丰富当地社区的文化生活。

创造多赢策略可以从以下几个方面入手：增加透明度和质量保证、提供多元化的教育选择、加强教师培训和资质认证、强调教育价值与社会责任。合作的教育机构与企业应建立公开透明的中文国际教育评估机制，确保教育机构的教育质量和教学水平。鼓励中文国际教育领域多元化发展，包括不同类型的非营利组织提供中文教育服务。建立完善的中文教师培训体系，确保教师具备专业知识和教育能力。同时，推行中文教师的资质认证制度，提高中文教师的专业素养和教学水平，提升整个行业的教育质量。在中文国际教育中，强调教育的本质价值和社会责任，而不仅仅是追求经济利益。教育机构、教师和家长都应该以培养学生的全面素养和人格发展为重要目标，将教育看作一种社会责任和义务。

第三章 基于文化翻译的中文教学

不同文化之间所具有的差异性通常会对语言教学造成一定阻碍，在做翻译工作时会遇到需要跨越源语言与目的语言所在的文化障碍这一重大问题。本章重点阐述基于文化翻译的中文教学，分为文化教学的原则和策略、文化翻译教学理论建构、中文教学中的本土身份重构。

第一节 文化教学的原则和策略

一、中外文化教学的原则

（一）以学习者为中心，引导自主学习

学习者中心观点越来越受到当代教育学者的认同。为了体现学习者在教学过程中的主体地位，无论是教学方式还是教材编写都开始尝试以学生为中心的策略。中外文化教学也是如此，语言知识的传授只是一个方面，学习者对母语和外语的融会贯通、对双方文化的比较和理解、公平的跨文化态度和立体思维方式的养成等，都是教学设计者应当考虑的问题。

良好的学习习惯可以帮助学生合理安排学习时间和任务，减少时间和精力的浪费，这样可以提高学习效率，使学生更有效地掌握中文知识和技能。培养良好的学习习惯，如定期复习、坚持练习等，可以增强学生的学习动力和自律性，使他们逐渐形成学习的自觉性和主动性，从而更有动力去面对和克服学习中的困难。

培养立体思维方式能够让学生从不同角度去思考和理解中文知识，可以培养学生的批判性思维和创造性思维，从而提升他们的语言表达和交流能力。在中文学习过程中，学生能够更准确、更丰富地表达自己的想法和观点，增强沟通能力。

他们可以将所学的语法、词汇、句型等知识融会贯通，灵活地运用于口语表达和写作之中。

良好的学习习惯和立体思维方式是终身学习的基础和前提，能够帮助学生将中文学习与其他学科和领域相结合，促进跨学科学习。例如，通过中文阅读了解中国的历史文化、社会经济等方面的知识，进一步拓宽学生的学习视野。通过培养这样的能力，学生可以在中文学习之外更好地适应未来面临的学习和工作方面的各种挑战。

为了帮助学习者达到上述学习目的，教师应当设定明确的学习目标。在中文教学过程中，帮助学生设定清晰、可衡量的学习目标，可以帮助他们明确学习方向，并增强学习动力。教师应为学生提供多样化的学习资源，如教科书、练习册、网络课程、影音资料等，这样可以激发学生的学习兴趣，让他们能够从不同的角度理解和掌握中文知识。教授学生一些有效的学习方法和技巧，如有效阅读、记忆技巧、笔记方法等，可以帮助学生更好地组织和理解学习材料，提高学习效率。教师需要有意识地引导学生主动参与学习，鼓励他们独立思考和提问。给予学生自主学习的空间，培养他们的批判性思维和解决问题的能力，定期给予学生具体、及时的反馈和评价，帮助他们了解自己的学习状况和进展。同时，鼓励学生通过反思来改进学习方法和提升学习效果。通过丰富多彩的教学内容和相关活动，教师可以激发学生对中文学习的兴趣和好奇心。例如，组织文化交流活动、实地考察、阅读经典文学作品等，让学生感受到中文学习的乐趣和意义。教师要向学生解释学习方法和学习策略的重要性，帮助他们理解学习的过程与方式，这样可以帮助他们形成良好的学习习惯，并将良好的学习习惯延伸至其他学科和领域。

（二）语言教学与文化教学有机结合

语言和文化是相辅相成的两个方面，在中外文化教学中，二者互为目的和手段。英语是世界上使用最广泛的语言之一，使用范围涵盖了许多国家和地区。通过学习英语，人们可以接触到来自不同文化背景的信息、观点和价值观。语言是文化的表达方式之一，通过学习英语，人们可以深入了解英语国家的历史、文化、社会习俗等方面的信息。英语是国际交流和商务沟通的重要工具。随着经济全球化进程的加速，越来越多的人需要与来自不同文化背景的人进行交流。通过学习英语，人们可以打破语言障碍，促进跨文化交流与理解。了解英语国家的文化背景和礼仪习惯，有助于人们更好地适应不同文化环境，增强沟通的有效性和敏感性。综上所述，英语学习的本质在于促进文化学习和中外文化交际的顺利进行。

语言教学同文化教学的有机结合是中文教学设计中至关重要的环节，包括教学内容选择、文化背景介绍、多媒体资源利用、文化体验活动、文化比较、视角拓展、社交语言学习等。教师应选择与语言学习相关的文化主题或话题，如中国的传统节日、饮食文化、书法艺术等，通过对这些文化内容进行介绍和讨论，在语言学习过程中融入中国文化元素。在教学中，教师应及时给学生提供与语言学习相关的文化背景知识。例如，在学习一个新的词组或句式时，可以提供一些与该词组或句式相关的文化意义或使用场景，让学生更好地理解和运用。利用多媒体资源，如图片、音频、视频等，展示与语言学习相关的文化现象和实践，引导学生从不同角度思考和讨论文化问题。鼓励学生分享自己对文化的认识和观点，促进跨文化交流与思考。在适当的时候，可以引导学生比较中外文化的异同之处。通过比较，帮助学生理解不同文化背景下的语言表达方式和思维方式。

（三）充分考虑学习者的认知发展规律

从语言知识学习到文化学习的过程并非一蹴而就，需要经过一个循序渐进的程序。学习者因个人认知能力、思维习惯、年龄阶段、个人经历等的不同，对教学内容的接受能力和理解方式也不同。教师在课堂上应从直观的事例出发，让学习者结合常见事物，从实用主题向抽象主题过渡，借助具体的事物理解间接和抽象的文化现象。

要实施行之有效的教学活动，必须了解其内在规律。一般来说，教学内容和教学过程是教学活动的两个基本方面。要想实现教学效果的最优化，教学内容需要体现对学习者的支持，让学习者在获得认可、支持的前提下，通过由浅入深、由简入难的挑战，实现自我提升。

首先，教师确保学生对基本词汇、语法和句型有一定程度的掌握。通过实际的练习和情境交际活动，学生可以获得一定的语言运用能力和自信心。教师须选择与学生生活经验相关的话题，如家庭、学校、购物等。通过讨论和分析教学材料，引导学生以具体的经验为基础进行语言表达，提升他们的沟通能力，逐渐引入更广泛的话题，包括社会问题、文化现象、科技发展等。这些话题更加抽象和间接，需要学生思考并表达个人观点，从而培养他们的批判性思维和分析能力。

其次，教师可以在语言教学中引入与文化相关的元素，如传统节日、历史事件、文学作品等。通过学习和讨论，学生可以了解不同文化的思维方式、价值观，从而更深入地理解语言背后的文化内涵。通过这些内容，教师可以引导学生进行文化比较，通过对比中外文化的异同之处，帮助学生理解不同文化背景下的语言使用方式和思维逻辑，培养他们的跨文化意识和批判性思维。

最后，教师要逐渐引导学生进行阅读和写作。通过阅读和写作的实践，学生可以接触到更多抽象和间接的语言表达形式，并提升自己的语言运用和表达能力。教师应引导学生深入了解中文的语言规则和变化。通过语法和语言现象的探究，学生可以逐渐理解抽象的语言知识，并能够灵活运用在实际语境中。

（四）平衡教学内容和教学过程

为了收获理想的教学效果，语言教师应深刻理解并妥善处理教学内容与过程、挑战与支持的辩证关系。在开始教学之前，教师要通过评估学生的语言水平和学习需求，了解学生的学习能力。这样可以更好地把握教学内容的难度和挑战性，确保教学内容与学生的实际情况相匹配。针对不同水平的学生，教师可以设计差异化的教学内容和任务。对于处在初级阶段的学生，教师可以选择更具体和直观的教材和练习；对于处在高级阶段的学生，教师可以选择更复杂和抽象的教材和任务，提供更多的挑战。

教师要了解学生的兴趣、学习风格和学习目标，给予他们更多的自主选择权。通过个性化的学习任务，激发学生学习的主动性，让他们参与到有趣的学习中去。

鼓励学生进行自主学习是语言教学中非常重要的方面。教师要培养学生的学习策略和解决问题的能力，可以提供自主学习的资源和指导，如推荐阅读材料、在线学习平台等，让学生积极参与到学习过程中。在教学过程中，及时给予学生反馈，帮助他们纠正错误、提高表达水平，并鼓励他们不断尝试和挑战自己。通过积极的反馈和激励，学生能够感受到进步，并在挑战中保持积极的学习态度。

二、中外文化教学策略

（一）文化教学常用的方法

1. 文化讲座

讲座是现代知识传递最常见、最直观的手段之一，当然也是文化教学中不可或缺的环节。但是，要想充分发挥文化讲座的教育作用，组织者必须衡量多方因素，精准策划。

首先，应该选择多样化的主题，包括中国历史、文学、艺术、哲学、风俗习惯等，并邀请资深的教授、专家或文化界人士作为讲师。这样能够全面展示中国文化的多样性，引起学生的兴趣，确保所传递的文化知识准确和权威，并能够给予学生专业的解读。

其次，采用互动方式，如问答环节、小组讨论等，鼓励学生积极参与；还可以组织学生演讲、进行文化展示等，让学生亲自体验和展示文化元素。利用多媒体技术展示图片、视频、音频等，使讲座更生动、形象，并激发学生的视听感受。结合讲座，组织实地考察，如参观博物馆、艺术展览、历史遗址等。通过实地考察，学生可以亲身感受到文化元素的真实存在和影响。在讲座后可以设计多样化的评估方式，如写作、演讲、小组合作项目等。通过评估，检测学生对文化知识的理解和运用能力。将文化讲座与其他中文课程有机结合，融入教学大纲和教材，使学生在语言学习的同时也能了解相关的文化背景和内涵。

2. 关键事件

在文化教学中，"关键事件"是指那些突出的、具有重要意义的、对学生产生深远影响的文化体验或交流事件。中外文化交际中存在许多或成功或失败的典型案例，教师可以以这些案例为例，解释跨文化交际中误解产生的原因，帮助学习者了解不同的文化思维。具体的事件通常能够引发学生的情感共鸣，促使他们对文化进行思考和反思。

要发挥关键事件的作用，教师应将其与相关的教材、课程紧密结合，有步骤地引导学生了解关键事件的来龙去脉、背后的文化内涵和影响。基于关键事件，组织学生进行角色扮演活动，让他们亲身体验文化事件中的角色、情感。这有助于增强学生对文化事件的情感共鸣和深度理解。通过关键事件，让学生体验不同文化的差异和冲突，培养他们的跨文化意识，帮助他们认识文化的多元性，尊重并理解其他文化。

3. 文化包

在语言教学中，教师应借助多元手段，专门讲解本族文化与目的文化的本质差异（可能不止一种差异），之后向学生提出与之相关的问题，引发讨论。设计合适的文化包可以协助跨文化教学，需要确定目标文化的关键特征和核心内容——可以是目标文化的历史、价值观、习俗、艺术等，了解这些关键特征是设计文化包的基础。文化包的内容应以多种形式呈现，如文字、图片、音频、视频等。学生通过不同的感官渠道获得信息，可以更加全面和深入地了解目标文化。

文化包不仅提供相关的信息，还应该引导学生进行自主发现和探索。通过提出引导性问题、鼓励学生进行自主研究等方式，激发学生的思考和学习兴趣。在文化包中，可以将目标文化与学生所熟悉的本土文化进行对比。通过这种方式，学生能够更好地理解两种文化之间的差异和相似之处，增进对跨文化的认知与理解。

（二）文化教学与语言教学有机结合的方法

1. 通过文学作品分析来进行文化教学

每个国家、每种文化都有自己最具代表性的文学作品，要了解语言背后的文化，当然应在教学中融入文学作品赏析与解读。文学作品是思想内涵和语言技巧完美结合的范例，在文学作品分析中体现语言教学和文化教学不仅是现实的，而且是至关重要的。

教师应选择经典的中文文学作品，如名著、诗歌、小说等。这些作品通常具有深厚的文化底蕴，能够代表中国文化的特点和价值观。通过对文学作品的阅读和分析，引导学生发现其中所蕴含的文化元素，如价值观、思想观念、风俗习惯、历史背景等，帮助学生理解文学作品与文化之间的紧密联系。

学生通过分析文学作品中的语言表达方式，提升自身的中文阅读和理解能力。同时，教师可以帮助学生进行翻译练习，将文学作品中的文化内涵转化为其他语言，并比较不同语言之间的表达差异。教师要有意识地引导学生比较不同时期、不同地域或不同作者的文学作品，思考它们之间的共同点和区别。通过对话和讨论，促使学生深入思考文化的多样性。

2. 词汇教学与文化教学的结合

词汇是文化信息的微观承载单位，也是体现语言思维和社会文化最直观的形式；而且，不同语言中的词汇还体现着不同的文化价值追求。在词汇教学中，教师不能仅分析词汇的字面含义和用法，还应该介绍词汇的来源与背后承载的文化，再现真实的文化语境。

在教授词汇的时候，教师除了教给学生词汇的意思和用法，还可以加入与词汇相关的文化背景和解释。例如，在学习与中国传统节日相关的词汇时，可以介绍节日习俗、象征意义等。将词汇置于真实的文化场景中进行教学，帮助学生了解这些词汇在具体场合中的使用方式和文化背景。比如，在教授与餐饮相关词汇时，可以模拟餐厅点菜的情境，让学生理解菜品名称、用餐礼仪等方面的文化差异。

成语和俚语是语言文化中极富特色的部分，教师可以介绍一些与文化密切相关的成语和俚语，让学生了解其背后的文化典故和隐含的价值观，帮助学生更深入地理解文化习俗和思维方式。

多元文化的词汇比较：对比不同国家或地区的相似或相异词汇，让学生了解不同文化背景下的用词习惯和表达方式，通过比较的方法培养学生的跨文化意识和敏感性。

文化主题的词汇扩展：根据特定的文化主题，扩展相关的词汇，如音乐、艺术、传统节日等。通过这样的拓展，学生可以在扩大词汇量的同时，更深入地了解特定文化领域的知识和背景。

词汇运用的文化差异：在实际运用中，指导学生注意词汇的文化差异，并帮助他们适当调整表达方式。例如亲切的称谓、礼貌用语、超级市场购物时的常用语等。

3. 阅读教学与文化教学的结合

在分析并确立语言教学目标与教学内容时，教师就应当充分考虑文化教学的实际需求，借此达到将阅读教学与文化教学有机结合的目的。

教师应选择与目标文化相关的短篇小说、新闻报道等阅读材料，这些材料可以介绍特定文化的历史、风俗习惯、艺术作品等，让学生在阅读中了解和体验不同文化的内涵。在阅读之前，教师要给学生提供相关的文化背景知识和解释，帮助他们更好地理解文化元素。例如，介绍作者生平、作品创作的时代背景等。

在阅读过程中，教师要引导学生关注和分析与文化相关的主题和细节。例如，探讨作品中蕴含的价值观、社会观念、人物形象等，以及与学生自身的文化传统的异同之处；指导学生学习和扩展与文化相关的词汇。例如，解释特定的词汇和习语，帮助学生了解其背后的文化内涵和使用场景。通过与学生自身的文化进行对比，促使学生思考不同文化背景下的价值观、社会制度、人际关系等方面的差异。组织学生进行讨论和辩论，培养他们的跨文化交际和批判思维能力。除此之外，教师还可以要求学生在阅读后进行个人反思和写作，表达对所读材料和相关文化的理解、感受和思考。这样的活动可以提升学生的表达与写作能力，并加深学生对文化的思考和体验。

4. 听说教学与文化教学的结合

阅读是帮助学习者了解文化背景知识的重要途径，而听说活动能让学习者身临其境地体会语言的用法和不同文化下思维的差异，在真实的中外文化交际过程中锻炼交际能力。

教师可以设计与文化相关的对话主题，让学生在对话中运用所学词汇和句型，并体会文化差异。可安排学生进行文化讲座或演讲，介绍自己所熟悉的文化主题，如历史人物、文学艺术、传统习俗等。通过讲座或演讲，学生可以提升口语表达能力，并分享自己学到的文化知识，还可以与其他国家或地区的学生开展跨文化交流，通过邮件、视频会议等方式进行语言交流与合作，分享和比较不同文化之间的异同。

但是，不管是阅读还是听说，优质的教学内容和学习素材都是教学成功的基础。从文化教学的角度分析，教师要想全面反映本土文化或对方文化的不同侧面，应该选择最具代表性、真实可信的材料和主题，在整理学习资料、制作学案和训练方案时，应该从不同的角度入手，充分考虑主流文化和小众文化的特点，结合这些文化的不同特征，使用具有文化特色的音频材料和视频资料，力求让学生通过听力练习和观看视频来了解不同文化的语言表达方式和行为习惯，从不同的角度、用不同的思维认识目的文化的多个侧面。

语言教材往往容易因为篇幅要求和课堂时间而有所限制，学生可能无法仅仅通过教材认识某一文化的不同侧面。所以，教材编写者应进行更多尝试，尽可能向教师和学生展示文化变体和个体差异。教材编写者可以尝试在教材中提供多样化的例子和材料，涵盖不同地区、社会群体和文化背景的内容。这样能够展示不同文化之间的差异和个体差异，使学生更全面地理解语言和文化的多样性。

教材编写者可以设计问题或思考活动，引导学生思考不同文化之间的差异和共同点。通过思考和讨论，学生可以加深对文化变体和个体差异的认识，并培养跨文化交际的能力。在教材中提供细致而客观的文化介绍，帮助学生了解不同文化的价值观、习俗、传统等。同时，教材编写者要鼓励学生保持开放的态度面对不同文化。在教材中引入案例研究和实际应用，让学生通过具体情境来理解、运用语言和文化。这样能够帮助学生了解文化变体和个体差异对于交际和沟通的影响，并提升他们的实际运用能力。在教材中提供跨文化沟通技巧的指导，帮助学生了解并适应不同文化之间的差异。这包括非语言沟通、礼仪规范以及尊重和包容不同文化的原则等方面的指导。

5. 写作教学与文化教学的结合

如果语言学习者相信自己已经拥有了足够的语言水平，就可以向写作领域扩展，利用写作练习巩固自己的语言水平，并逐渐触及文化学习真正意义上的广度和深度。在这样的背景下，教师可以引导学生选择与目标文化相关的主题进行写作，如节日庆祝、传统习俗、名胜古迹等；学生也可以通过写作来深入研究和表达自己对目标文化的理解和体验。其间，教师应该要求学生以目标文化和自身文化之间的对比为主题进行写作。鼓励他们分析不同文化之间的差异和相似之处，并提供合理的观点和论证。

教师可以鼓励学生根据自己对目标文化的了解和想象，创作与目标文化相关的故事或小说，要求学生阅读、观看与目标文化相关的作品，并写下自己的评论和观点。这样可以培养学生的创造力和想象力，同时也能传递目标文化的价值观和情感；鼓励他们通过写作表达对文化现象、艺术作品等的理解和反思。教师也可以引导学生进行跨文化交际场景的写作训练，如写一封信给目标文化国的朋友或写一个目标文化国的旅游指南，这样能够帮助学生提前思考在真实环境中进行跨文化交际的方式和技巧。

公务写作（多为政商工作中使用的文件、报告、信函等）虽然是格式和内容要求相当严格的文体，但是同样蕴含着丰富的文化信息，其格式、措辞和结构上的要求以及编排习惯等，都体现了某一文化背景下的特定文化现象。学术论文则是所有接受高等教育的学习者既定的写作任务，学习者要想证实自己的学习成果，必须呈现规范且优秀的学术论文。

公务写作和学术写作有其独特的规范和要求，需要熟悉相应的写作技巧和结构。学生可以通过参加专门的写作课程或培训掌握撰写清晰、准确、条理分明的文章的方法与技巧，通过大量阅读相关领域的优秀范文，学习其中的表达方式、用词技巧以及论证思路。模仿这些优秀范文的写作风格和结构，逐渐培养自己的写作能力，并适应公务写作和学术写作的要求。此外，寻求专业人士的反馈和指导可以帮助学生提高写作技巧，可以找到有经验的教师或顾问进行写作稿件的评审，听取他们的建议并改进自己的写作风格和表达能力。

第二节 文化翻译教学理论建构

一、中外文化翻译教学的理论基础

语言作为文化的承载者，体现了一个民族的思维方式、价值观念和社会心态。它是民族气节、团结力和智慧的源泉。所以，语言翻译在一定角度上来说相当于不同民族之间文化的交流与文明的传播。由于不同民族处于不同的自然以及人文环境中，所以其文化也都各具特色，当然，这里自然包含语言文字的不同。

翻译工作是为了减少语言和文字之间的差异，消除不同文化区域交流的障碍。译者的能力在文化交流中起着决定性作用，它不仅影响翻译的品质和水平，也关系到是否能够客观真实地传达中外文化深层次的含义和精华。所以说在翻译教学中，我们需要让学生理解并认识到翻译不仅是文字语言符号的对应转换，更是一种文化的沟通。因此，我们需要专注于培养和提高他们在翻译实践中的中外文化交流能力、传播能力以及交际能力。这就是中外文化翻译教学的核心目标。

中外文化翻译教学过程大部分依赖于建构主义与体验主义这两种教学理论。将以上理论融合在一起，构建出翻译教学领域独特的理论体系。

建构主义学习理论是在行为主义向认知主义演化的过程中发展起来的。行为主义的核心观念在于客观主义、环境主义和强化。在教学过程中，通过强化来形成"刺激—反应"的关联。教学的目标是传授客观知识，而学习的目标则是在这种传递过程中实现教学目标。这种传递方式并不考虑学生的了解状况与心理变化情况。但是，即使认知主义采取了客观主义的传统，但它依旧侧重于学习者的内在方面的理解过程，以便把外部客观方面的实际内容转化为内在的理解结构，这是建构主义与行为主义的主要区别。

建构主义是认知主义的进阶阶段。美国心理学家约翰·杜威（John Dewey）和瑞士儿童心理学家让·皮亚杰（Jean Piaget）等人对建构主义的成长贡献了不同层次的作用。尽管杜威的经验学习理论和苏联心理学家维果茨基的文化历史理论并没有直接涉及建构主义，但是，他们对建构主义的诞生起到了关键的推动作用。建构主义首次被提出是在皮亚杰的教育理论中，因此可以称皮亚杰是建构主义的创始人。其后，美国心理学家杰罗姆·西蒙·布鲁纳（Jerome Seymour Bruner）的思想也被引入了建构主义，他主要用其来解释如何通过互动将客观知识结构转化为理解的结构。这些理论对现代建构主义学习理论产生了非常大的影响。

显然，建构主义不仅是一种理论上的派别，还是一种正在发展的思想流派，它包含各种各样的理论取向，如激进建构主义、社会建构主义等。激进建构主义是基于皮亚杰的思想不断发展而来的，主要代表人物是美国哲学家和交往理论科学家恩斯特·冯·格拉塞斯费尔德（Ernst Von Glasersfeld）。这种理论的基本原则主要包括以下两个方面：一方面，知识不是被动接受的，而是由学习者主动构建的，这个过程是通过新旧经验的交互来实现的；另一方面，认知的功能在于适应已有的认知世界，从而在学习者构建自身认知世界的过程中提供帮助。

社会建构主义与激进建构主义存在一定的差异。社会建构主义在一定程度上对知识的客观性和确定性表示质疑，但相较于激进建构主义来说又是温和的。社会建构主义觉得学习是学习者自身建构知识并且不断认知的过程，而不仅是个体同物理环境两者之间融合碰撞而产生的结果。在这个过程中，语言和其他符号也扮演着非常重要的角色。

社会文化倾向与社会建构主义有着很多类似的地方，同样是心理学家维果茨基的理论对其产生了一定的影响，这个理论将学习视为建构的历程，并关注学习的社会性。但是，与社会建构主义不一样的地方在于，社会文化倾向认为心理活动与特定的文化历史和风俗习惯背景相关联。它侧重于研究不一样的文化时代和情境，这些能够带给个体学习和解决问题等方面的帮助。

信息加工建构主义并非严格的建构主义，它主张学习不是被动的"刺激—反应"联结，而是一种主动的心理加工过程，其中包括信息选择、加工和储存等复杂程序。信息加工建构主义强调了最初经验的影响，但相对忽视了新经验对原有经验的影响。

尽管建构主义在取向上存在一定的差异，但也有着相同的地方。这些取向认同学习能力是学习者在特定的社会文化背景下，通过他人的帮助以及必要的学习资料以意义建构的方式形成的。

在知识观上，建构主义不再将知识看作客观的、固定的，而是将其看作动态的，是一种解释或者假说。当然，这种动态的知识观对我们传统的教学提出了挑战，但并不是说课本知识不能当作真理传授给学生，而是说学生接受真理的过程应该是自身对知识的建构过程，而不是将其作为预先确定的东西教给学生。学生对知识的学习只能通过自身的意义建构来完成。建构主义的学习观、学生观以及教学观都与其知识观有相似之处。在建构主义者看来，学习过程不是被动的接受过程，而是主动的建构过程，这种过程只能由学习者自己完成，当然此过程中可以有他人的帮助。学生并不是空着脑袋走进教室的，他们在生活中已经积累了很多的知识经验，学校教育就是让他们脑海中的知识经验重新建构，形成他们所需要的深层次知识。因此，在教学过程中，要充分考虑到学生的意义建构，尽可能创设有利于建构发生的情境。在教学过程中，教师不再是单纯的知识传授者，而是引导者、协助者，其任务是帮助学生完成意义建构，获得自身需要的知识。

建构主义理论现在所侧重的内容包括知识的流动性、学生体验世界的多元性和独特性、学习过程中的主观建构性、社交上的互动与情境结合的重要性。建构主义的教学方式强调以学生为中心，重视教学活动中学生的实际参与能力。将课堂教学与学生的探索和实际活动紧密相连，推动并激励学生全身心地参与到课堂的每个步骤中去。将时间和机会完全留给学生，使学生能在课堂上充分体会到自身的价值所在，将被动变为主动。因此，学习者的学习效果并不仅是由教师讲授的内容量或他们自己的记忆与背诵方面的能力所决定的，还取决于他们利用自身已有的知识去理解新知识的能力。建构主义倡导以学生为核心，重视并且关注学生的既有知识体验，将教学活动与学生的主动构建紧密结合起来。这就需要教师在教学的时候能够创建对学生意义构建有帮助的学习环境，学生之间需要进行合作学习，即互助学习。

简而言之，建构主义的教学观念主要包含以下元素：认知行为都涉及一定的认知框架，包括图解、同化、调整以及平衡等基础理念；在与环境进行互动的时候，学习者逐渐形成对外部世界的认知，推动认知架构和认知能力的发展；学习者的精神发展水平和进步也会受到一定程度的社会约束，环境对学习者的身心产生了重要影响；教育工作者应为学习者创设优质的教学环境，激发他们的学习主动性，让他们探索学习规律，提升他们的知识能力。建构主义教学理论的特性主要体现在积极寻求知识的倾向、探寻事物的热忱、对话交流的习惯、教师与学生的互动、学生之间的相互影响、动态构建等方面。

体验式教学理念来自认知语言学的体验性哲学观点。人们依赖感官来体验世界，每种感官都有其独特的感知特性。体验的过程中也拥有时空的特性。时空的体验理解具有跨领域的概念性，也就是说，空间位置与运动的概念可以帮助我们阐明很多其他的语义区域。理念的演化和建设带有路径性与互动性，这意味着人们可以将经历的特性借助言语变成概念化的表达，以理解经验中的对象。各民族在形成和理解词汇概念的经验中存在差异，其含义常常与民族的生活、文化、心理有着紧密的联系，词义的创立和延伸有着特定的常规性。

中外文化翻译教学模式的相关理论视角主要包括：词语概念的不稳定性和语境化含义的动态变化，学生需要在语境中理解概念的变迁路径与理由；学生需要理解不一样的语言使用者在运用语言概念时的普遍性和特殊性，以及隐藏在概念后面的语言、作用、思考和心理的可感知性；句子话语层面同样是能够进行感知的，语境能产生句子，句子也能产生语境，在学习构建语境的时候可能需要运用到许多社会相关经验；学生也需要理解语言所有的作用，力图描绘出作者想要描述的实际世界与认知世界，并努力在目的语当中让内容与形式达到语境适应性的统一。

中外文化翻译教学模式的特性在于强调概念、对象、认知模式、心理、感觉、思维等多种要素之间相互作用的体验性和构建性。

二、中外文化翻译教学整合体系

（一）中外文化翻译教学体系

在翻译教学创新中，不少教师强调真实环境下的协作式翻译教学模式。比如，林克难提出采用进入角色、模拟实境的教学法；[①]刘宓庆提出在强化学生翻译实践能力过程中，提升认知思维能力和语境关联下的概念或命题语义嬗变的理解能力；[②]廖志勤对个性化笔译教学中的知识构建进行了描述；[③]朱一凡、王金波认为应在翻译培训中加强学生个性化、自主性学习及教学活动的真实性。[④]这些研究从原则、理念、方法、手段、经验、知识等层面提出了有益的笔译教学建议，但未能整合并形成一套可描写、可阐释、可操作的范畴体系，不能将归纳与演绎并举。翻译教学和教材建设应是知识体系与理论体系、技巧体系三位一体的范畴体系，这样才能培养出有创造能力的人才。我们可以综合运用相邻相关学科理论知识，以开放性模块化方式整合、建构"理论＋知识＋技巧"三位一体的中外文化翻译教学范畴体系。

文军、李红霞论述了翻译能力修正模式中的双语能力、非语言能力、翻译专业知识、专业操作能力等能力，认为各模块内容有待充实，教师可在研究实践中进一步加以丰富。[⑤]上述模块体系提供了研究性教学和学生研习性实践的维度，其核心是理论与方法、经验与理性的高度统一，要求教师全情投入和长期积累，付出时间和精力，将给教师带来实质性回报。开放性模块或研究范畴可拓展出多个子（次）范畴，可由师生共建，即要求学生在小组潜能开发报告或课后实践中围绕其中某些子（次）范畴的典型翻译问题进行语料收集和研习性讨论，对相关问题进行定性归纳，总结出相应理据和操作技能。通过对学生报告中的典型问题进行认真、细致的评析和译文加工，不仅能有效拓宽学生的视野，还能有效提高自身的实践能力，积累更多感性材料，为自己的翻译理论与实践研究收集有价值

[①] 林克难．通过译例学译论：以等效翻译理论为例 [J]．天津外国语大学学报，2022，29（3）：22-27，111.

[②] 刘宓庆．新编当代翻译理论 [M]．北京：中译出版社，2019：208-210.

[③] 廖志勤．翻译论稿 [M]．成都：四川大学出版社，2006：79-83.

[④] 朱一凡，王金波．语料库翻译教学的理论与实践 [J]．北方工业大学学报，2015，27（4）：65-69.

[⑤] 文军，李红霞．以翻译能力为中心的翻译专业本科课程设置研究 [J]．外语界，2010（2）：2-7.

的语料，为将教学与科研紧密结合找到一条有效途径。我们可将"翻译思维"模块拓展为"翻译思维形态研究范畴"，包括概念思维、认知思维、逻辑思维、情境思维、形象思维、情感思维、抽象思维、创造思维、事件（态）思维、意象思维、经验/体验思维、发散思维、收敛思维、概括思维、轭式思维、变通思维、具体思维、局部思维、整体思维、灵感思维、语境思维、交际思维、综合思维、仿拟思维、逆向思维、比较/对比思维、结构性思维、美学思维、语用/预设思维、关联性思维、文化差异思维、关系特征思维。这32种思维形态又可分别拓展为开放性经验模块。

（二）中外文化翻译教学策略和教学环节

翻译教学强调在选取案例时，要特别注重其典型性、活泼生动、趣味性、丰富和广泛的题材等特性，让翻译有语言的美感、文字的韵律、文学的神韵及文化的融通。总的教学策略包括简化目标、深入理解、重点突出问题、多维探索、集中强化训练、教辅结合。下面对简化目标、深入理解、多维探索进行分析：

简化目标要求学生针对全部笔译教学素材集中回答一个核心理论问题：翻译的定义是什么（应该如何进行翻译）。然而，他们需要提供多个答案，每一个答案都必须以多个经典的译例为证据，而这些证据的证明必须同时涵盖理由和手法。

深入理解指的是教学环节始终从分析各种题材与体裁实践问题的特性开始，而不是将理论作为起点。教师致力于使问题讲解的过程逐步深入，使用各种视觉强化工具，对推理过程进行步骤化证明，用不一样的颜色标识不同性质和关系的问题，以此构建"问题的形状—性质—原因—解决方案—理由—经验汇总—理论理解"的认知链条。

多维探索是一种解决问题的策略，是基于思想家荀子的哲学思想，将问题解决的过程进行理论化和方法化。这种思想被运用在翻译教学中，并被转化为一个开放性的经验模块。在这个模块中，教师的讲解和学生的报告均是通过"类"的内容来突出和强调那些有着相同理论认识与方法价值的翻译问题。这就意味着，在相似问题中寻找差异，而在不同的问题中寻找共通之处，然后通过对一个例子的深入理解和分析，把握其他相关的问题，实现举一反三。这个经验模块的要点是从具体实践中归纳出来的，这是一个从实践到理论非常典型的归纳方式。通过这种方式，我们可以更好地理解和认识到翻译的规律性，并且可以让我们的翻译知识结构得以丰富。

（三）中外文化翻译教学的特点

翻译教学的特征体现在探索和解决问题时，强调深入分析的精神，让翻译内容的理解与描述更加生动、形象、情感丰富、关联紧密，并且与社会具有一定的联系。作为教师，需要尽全力做到以下几点：扮演导演般的角色，引导学生；讲述引人入胜的情节，激发学生的激情；观察入微，注意细节；培养学生的自信心，发掘他们的双语潜能；提升学生对经验法则进行总结的能力，使他们能够将理论应用于实践；让学生的思维富有张力，在体验的过程中充满活力；拓宽学生的视野，培养他们的多元思维能力。

翻译教学的独特之处在于涉及一系列具有内在相关性的语境参数化运作，从语言符号的解读到译文的生成，经历了一连串的认知过程：符号激活意象—意象激活想象—想象激活参与—参与激活体验—体验激活知觉—知觉激活意义—意义激活情境—情境激活模拟—模拟激活行为—行为激活关系—关系激活描述—描述激活建构。这种特色始终在某个教学环节中存在，教师在这个环节的句子或句群翻译工作中需要重视以下几个方面：精选能反映不同层次和不同性质翻译问题的典型案例，以便融入各种翻译理论与方法；最好有两三个能建构模拟场景、体验人物心理、通感自然景物等的案例，引导学生参与互动，使他们体验语言摹写现实与重构的过程；对于难点问题的译文生成过程应力图形象化、生动化、幽默化、联想化、道具化和图式化，帮助学生拓宽视野，以不同方式回答"什么是翻译"的本质问题。教师可以在课堂上营造典型实例的情境或设置角色参与环节，力求学生通过直观体验感受语言反映生活或人物情感关系的特点。

在中外文化翻译的教学过程中，潜能开发报告和教师评价是独具特色的内容。潜能开发报告的目标是让学生变得更加主动积极，以及培养对自身和他人观点的批判性意识。在课时的限度范围内尽可能提高学生的文学翻译能力，培养学生分析精准、态度严谨、拓宽视野、追求卓越的精神便是可行的方法。这一教学环节有以下几点要求：

第一，选材与篇幅：小组依据兴趣自选体裁，如散文、杂文、小说、童话、古汉语诗词、论说文、说明文、政论文、影视作品等语篇或节选，篇幅在1000词/字左右。

第二，重点问题：要能够反映和表达困难与核心的问题，并具备对问题进行定性、归纳或者分类方面的能力。

第三，客观依据与主观理据：在解决概念问题的时候，需要将词典当中的释义和语境参数当作客观上的依据，特别重要的是注重搜索与内容具有相关性的一些图片、资料等。接下来，可以对概念在不同语境中的常规语义变化形式进行考察，并描述思维过程和意义构建的个体主观依据。

第四，结构完整：作者简介+译者简介+原文体裁和语言风格特点的简要概述+过程分析与翻译问题评析（突出语言点和翻译问题性质）+小结+经验要点总结+参考文献。潜能开发的有效形式之一就是建议学生选取有一定难度的名篇名著片段，先自译自评，并对难点、重点问题的解决方法与理据进行自证，然后对照名家译文进行审读，找出翻译中存在的问题，对问题进行定性，总结经验，发现不足之处并提供建设性译文。这种研习能拓宽学生的多维视野和培养学生的问题定向能力，如理解深度、表达措辞、风格特征、人物形象刻画、情感特征表现等，也能培养学生的文本观察、审读能力和文学翻译的艺术再现、表现能力。

第三节 中文教学中的本土身份重构

一、中文教学中本土身份重构的必要性

基于政治、历史、文化和经济等多个方面的因素，中文已成为适应新形势需求的国际高频使用语言。

（一）符合文化多元化的时代背景

多元化的文化现象表现出明显的融合和多样化趋势，这是其重要特征。当今世界日益成为一个紧密相连的地球村。经济全球化的推动，尤其是高新技术、信息技术和相关产业的快速发展，让人类之间的互动扩展至全世界。

中西方文化在相互交流与融合的过程中，对立与冲突的可能性逐渐减少，从而达到和谐共存的目标。各国文化的冲突、互动和融合呈现出一种全新的态势，即多元发展的趋势。

在经济全球化背景下，经济与技术的交往、商品和资本的流动、信息的快速传播、人员的跨国流动、大众传播媒介和网络的发展，这一切使各民族的文化突破特定的地域环境和社会语境，变成一种"流动的符号"，融入全球性互动的文化网络之中，不同形态、不同民族文化之间的并存、比较与相互渗透第一次即时性、共场景地展现出来，也使那些原来长期以自我为中心的文化或文明直接感受到"他者文化"的存在，进而产生对"他者文化"的尊重和理性认知，有利于减少文化或文明之间的冲突和对抗。可以说，多元文化或文明间的差异正在成为经济全球化时代文化的基本格局。

（二）促进翻译人才理解和传播本土文化

一个民族的文化是其在世界上独具特色的品质。中国作为一个有着悠久历史的文明古国，拥有着丰富而辉煌的文化遗产。中国古代哲学思想、宗教信仰、古代教育和科技成就，汉代的辞赋、唐代的诗歌、宋元的词曲、明清的小说和戏剧，还有医药、农业、天文、地理等方面的巨大成就，都闪烁着先贤智慧的光芒。

我们的文化遗产不只是在精神上滋养了一代又一代的中国人，其伟大的价值也正在被全球其他文化慢慢认可与接纳。众多学者的研究表明，中国文化在21世纪扮演着越发重要的角色。在《展望21世纪：汤因比与池田大作对话录》中，英国著名学者阿诺德·约瑟夫·汤因比（Arnold Joseph Toynbee）说：中国的传统文化，尤其是儒家和墨家的仁爱、兼爱思想学说是医治现代社会文明病的良药。他指出，儒家的仁爱"是今天社会所必需"的。[1]季羡林先生提出了"东学西渐"的理念，旨在说明中国文化对现今全球的作用。[2]在全球文化融合日益普遍的今天，我们与西方社会的沟通也日渐增多，迫切需要越来越多的对中文有着熟练掌握程度并且能够进行传播的人才。促进和传承本民族文化可以说是当前中国的紧迫任务。如果我们只是盲目地吸收别国的文化，而不能把中华民族独特的传统文化向

---

[1] 池田大作，汤因比. 展望21世纪：汤因比与池田大作对话录[M]. 荀春生，朱继征，陈国梁，译. 北京：国际文化出版公司，1997：385.

[2] 季羡林. 东学西渐与"东化"[J]. 美术，2005（3）：32-33.

外输出，那么这种沟通方式就是不平衡的，长期下去将对国家和民族的发展造成负面影响。

(三）促进中西文化共同发展的需要

世界文化以其独特多样的多元文化特征展现出丰富多彩的面貌。人类的多元文化充分展现了各个民族和地域丰富的文化特征。人类发展的进程就证明了多种不一样的体系文化才造就了全球文化库，而人类文化的独特特征则是构成其灵魂的元素。正是这些个性化的特色赋予了全球文化库多样而绚丽的色彩。所有文化并无优劣的区分，在每一个社会历史条件下都有着与之相匹配的文化，并发挥着其独特的影响。在中文教学的时候对中外文化的认同教育总的来说就是借助中文促进文化的双向沟通，同时，这还成为社会赋予新时代大学生的崇高使命。

在中文教育中引入文化课程，需要采取双管齐下的措施。学生在学习外语或进行中外文化交流时，会处于双重文化的心理状态。通过系统性地构建目的语文化方面的知识体系，就可以深入认知不一样的民族思想的发展、风俗习性、语言状态和与这些相适应的思维方式，以及这种思维方式对语言应用的限制。中文教育要注重中国文化意识培养，在教学的时候持续添加中国文化的相关元素。这样有助于让学生认识与了解到文化的普遍性，并且在平时的生活、学习中，或者在与他人进行合作的过程中能够关心他人并且换位思考。通过学习系统的中西文化知识，学生能够领会到中国文化与外国文化的差异，从而在学习和实践的时候对文化进行主动的比较与区别，增强自身文化的敏感性与辨别性，达到降低文化交流上的失误与产生冲突的目的，通畅地进行文化交流。

二、中文教学中本土身份重构的指导思想

中外文化交际能力的培养贯穿中文教学的全过程。在学习过程中，不管学生借助哪种方法进行了解并且学习文化，都应该在指导思想上具有明确的态度，防止陷入盲目学习的状态。

(一）文化意识的培养

在培养翻译专业学生的中外文化交际能力的时候，应该将增强文化意识作为重点，而不仅是一味地灌输文化知识。将培养文化意识置于核心位置，让学生积

极获取并深入对文化知识的处理，使他们在进行跨文化交际的时候能够表现出更多的灵活性和创造性。①只有学生对文化意识的认知足够深刻，意识到语言和文化的紧密联系，才能超越只关注语言形式学习的狭隘观点。

（二）文化态度的塑造

文化态度是语言教学过程中一个非常重要的定义，特别是在翻译教学领域。它涵盖了学习者对目的语文化与本土文化两者的态度问题。学习者应该以一种开放、宽容与随机应变的态度来对待目的语文化，以防形成偏见和教条主义的观点。然而，对待本土文化的态度则是问题的关键所在。语言文化教学应更加重视帮助学生树立积极的文化观念，培养合理的文化态度。

作为一个正在崛起的大国，中国在经济全球化过程中扮演着越来越重要的角色，国际交往也在持续深入，我们需要坚守自身的文化身份，并且平等地看待其他民族的文化。作为社会中的知识分子，高校学生肯定会多次在国际交流中出现，并向各个国家传输与发扬中国文化，让外国人体会中华民族灿烂的文化。这也成为高校学生肩负的重要责任。

只有通过这种方式，我们才可以获取其他民族的信任与尊重，实现真正有益的中外文化交流。为此，在中文教学中，我们应该紧跟时代的潮流，不断融入中国文化元素，如中国的历史、地理、风俗、艺术、文学等，让中文学习者了解中国文化的多样性和丰富性。同时，我们也应该鼓励中文学习者主动参与到中外文化的对话和交流中，以培养他们对文化交流平等的态度，进一步培养出具备良好中外文化交际能力的人才。我们可以通过组织一些活动，如观看中国电影、参加中国节日活动、体验中国美食、访问中国社区等，来增强中文学习者的文化体验和感受。这样不仅可以提高中文学习者的中文水平，还可以增进他们对中国文化的理解和尊重。

（三）大纲制定

在进行系统的本土文化教学之前，要思考如何将文化要素融入中文教学过程中，这需要制定一个文化大纲。文化应该被视为一个内在相互关联的系统，系统内的各个部分发挥着各自不一样的作用。制定文化大纲意味着对众多文化现象进

---

① 高一虹.跨文化交际能力的培养："跨越"与"超越"[J].外语与外语教学，2002（10）：27-31.

行有规律的分类和组织,把文化与中文教学密切整合。在中国文化教学中,文化大纲扮演着积极的指导角色。制定文化大纲可以说是具有建设性和挑战性的任务,它是文化教学的基石。

第四章　国际中文教育研究状况

本章围绕国际中文教育研究状况进行介绍，从国际中文教育的基础概念、国际中文教育与跨文化理论、高校国际中文教育问题研究、国际中文教育的发展策略四个方面进行阐释。

第一节　国际中文教育的基础概念

中华人民共和国成立伊始，我国的国际中文教育实践随之开始。与国际中文教育实践相比较，国际中文教育学科的确立时间较晚，它确立于20世纪80年代。经过40多年的发展，这个学科日臻成熟。依据教育部颁布的学科专业目录，本书对国际中文教育学科的滥觞和发展历史做了梳理，以期为国际中文教育学科的健康发展提供指导。

中华人民共和国国际中文教育实践包括来华留学生汉语教学及外派汉语教师赴海外教学两个方面。中华人民共和国的国际中文教育实践开始于1950年，至今已有70多年的历史。1950年，保加利亚、匈牙利、罗马尼亚、捷克斯洛伐克、波兰5个东欧国家向我国派遣了第一批留学生，为培养这些留学生，教育部在清华大学设立了"东欧交换生中国语文专修班"。1952年，专修班整体调入北京大学，改名为"外国留学生中国语文专修班"，留学生的国别又增加了民主德国、蒙古国等7个国家。

我国从1952年起向其他国家派遣汉语教师。20世纪60年代是国际中文教育体系的形成时期，派出的汉语教师人数和来华留学生的人数都增加较快。为满足日益扩大的需求，中国政府从1961年至1964年先后选拔和培训了156名教师，作为预备出国师资。20世纪60年代末至70年代初，我国的国际中文教育工作处于停滞状态。到了20世纪80年代，随着中国改革开放政策的实施，国际中文教育又重新兴盛起来，一直到今天发展势头仍有增无减。

一、国际中文教育学科名称的演变

国际中文教育学科建设开始于20世纪80年代,至今已有40余年的历史。这个学科的名称也由最初的"对外汉语(教学)"演变为"汉语国际教育",之后又演变成今天的"国际中文教育"。但在本科专业目录与研究生专业目录中,三个名称出现的时间不尽一致。普通高等学校学科专业目录由教育部不定期修订和发布,是高等教育工作的基本指导性文件之一,也是教育部管理高校学科专业发展的有效手段。通过深入考察教育部在不同时期颁布的本科和硕士、博士研究生学科专业目录,可以对国际中文教育学科名称的变化进行溯源和研究。

(一)学科确立及本科专业目录中的学科名称演变

国际中文教育最初的名称是"对外汉语",是指对外国人的汉语教学,它区别于"对内汉语"(即母语)教学,这门学科从理论研究到实践探索主要基于来华留学生的教学。如前所述,我国对外汉语教学实践开始较早,但"对外汉语"这个学科名称得到官方的确认却较晚。1978年3月,中国社会科学院召开语言学科规划座谈会,专家结合西方发达国家第二语言教学的特点,讨论了中国对外汉语教学方面的一些理论研究与实践的进程。会议中谈到把对外汉语教学当作一门学科的看法,自此对外汉语教学开始科学化。这个决策推动了对外汉语教学的发展,同时也推动了此领域的实践与探究。自1983年起,经过教育部的同意,对外汉语教学专业在原北京语言学院开始设立,旨在培养对外汉语教师。随后,原北京外国语学院等大学也相继设立了对外汉语教学专业。

那时候上述高校设立的对外汉语教学专业是二级学科(专业类)下面的自设专业。1988年,国家教委批准在中国语言文学类之下设立"对外汉语"专业,"对外汉语"本科专业正式确立,当时专业后面备注的是"试办"。经过几年的试办之后,1993年国家教委颁布的专业目录和专业简介中去掉了"试办"二字,代码为050112,成为"中国语言文学类"之下一个正式的本科专业。这个专业名称一直沿用至2011年。

随着以孔子学院为主要代表的"走出去"的中文推广项目的增加,以往在中国语境下的"对外汉语"这个名称的局限性越来越大,尤其是"外"字的指称对象会因使用语境不同而出现分歧,因此,学界适时地推出了"汉语国际教育"这个名称。教育部于2012年批准把"对外汉语""中国语言文化""中国学"三个专业合并，设立本科专业"汉语国际教育"，该名称一直使用至今。需要说明的是，"国际中文教育"这个名称尚未出现在本科专业目录之中，预计下次本科专业目录修订时会使用这个名称。

（二）研究生学科专业目录里的学科名称演变

1. 对外汉语教学

从1986年起，北京大学和北京语言学院等高校开始了对外汉语教学方向硕士研究生的培养工作。在1997年之前，"对外汉语教学"一般设置在文学门类中国语言文学类的二级学科"汉语文字学"/"现代汉语"之下，或者外国语言文学类的"英语"/"英语语言文学"二级学科之下。1997年，教育部发布的《授予博士、硕士学位和培养研究生的学科、专业目录》中做出了调整，"现代汉语""汉语史""汉语文字学"被整合，构成一级学科"中国语言文学"下的二级学科"汉语言文字学"。同时，"语言学"被改为二级学科"语言学及应用语言学"。自此开始，一些高校开始在这两个二级学科下面设立"对外汉语教学"专业方向，培养学术型硕士研究生。也就是说，以前，"对外汉语教学"这个名称并没有在研究生学科专业目录里出现过。

2. 汉语国际教育

随着海外学习汉语人数的不断增加，对外汉语教学学术型硕士研究生的培养已经满足不了国外对中文教育专业教师的需求，急需改革和完善人才培养体系，以培养更多合格的、能够满足汉语国际推广需要的中文教师。我国从1991年起开始设置专业学位。2006年10月，国务院学位委员会召开有关设立汉语国际教育硕士专业学位的论证会，把设立汉语国际教育硕士专业学位列入议事日程。国务院学位委员会于2007年1月召开第二十三次会议，通过了设置汉语国际教育硕士专业学位的决议。《汉语国际教育硕士专业学位设置方案》于2007年3月底出台。2007年5月底，国务院学位委员会办公室下达《关于开展汉语国际教育硕士专业学位教育试点工作和推荐全国汉语国际教育硕士专业学位教育指导委员会委员人选的通知》，决定在我国设置汉语国际教育硕士专业学位，并批准了北京大学等24所高校试点汉语国际教育专业硕士研究生培养工作。2009年6月，汉语国际教育专业学位试点学校又增加了39所。经过三年的试点，"汉语国际教育"

的名称出现在教育部 2011 年的《专业学位授予和人才培养目录》中。不过与本科专业目录不同的是，它不是设在文学门类之下，而是采用了与教育学门类下一级学科相同的"04"开头的编码，专业代码为 0453，这表明它是教育学门类之下一个具有一级学科地位的专业类别。

2018 年 5 月，教育部决定在"学校课程与教学"的教育博士专业学位领域里新增"汉语国际教育"作为新的博士专业培养方向。初始阶段，获授权招收该专业博士研究生的高校包括北京大学、东北师范大学、华东师范大学、华中师范大学、南京师范大学、陕西师范大学和天津师范大学，共 7 所高校。

2019 年，"汉语国际教育"专业博士方向升格为领域，招生院校扩展到了 21 所。

3. 国际中文教育

"国际中文教育"这个术语在正式场合的使用是在 2019 年孔子学院总部召开的国际中文教育大会上。首先大会的名称就是"国际中文教育"；其次，国务院原副总理孙春兰的主旨报告和时任教育部部长陈宝生、副部长田学军等领导的发言报告均使用了"国际中文教育"的表述，从此以后，"国际中文教育"的使用频率日益增多，逐渐获得学术界和大众的共识。

2022 年 9 月 14 日，国务院学位委员会、教育部公布的《研究生教育学科专业目录（2022 年）》正式将该专业名称确定为"国际中文教育"，正式列入教育学门类，学科代码仍为 0453，可授予博士和硕士学位。这意味着国际中文教育高端人才培养和学科建设迎来重大发展机遇。

二、国际中文教育学科内涵的发展

纵观国际中文教育学科的发展、成长历程，其学科内涵经历了两次大的拓展和升级。第二语言教学或外语教学一般涉及教育者、学习者、教学内容、教学环境等要素，即"谁来教""教谁""教什么""在哪儿教"，我们可以根据以上四个因素来分析一下"对外汉语教学""汉语国际教育""国际中文教育"三个学科名称的异同。

（一）从"对外汉语教学"到"汉语国际教育"

1. 对外汉语教学的学科内涵

吕必松对对外汉语教学内涵的定义："对外汉语教学"是教授外国人汉语的简

称，英文直接翻译为 The Teaching of Chinese to Foreigners。由于这是针对外国人的一种汉语教学形式，因此不仅能够视为第二语言教学，也能够看作外语教学，与其他语言（如英语）作为第二语言和外语的教学拥有一样的性质。[1]

对外汉语教育专家赵金铭的观点是，对外汉语教学学科研究的基本架构可以从四个方面来描述：第一，基于汉语语言学的汉语知识体系，用来回答"应该教授什么"的问题；第二，以认知心理学与认知脑神经科学为依据，来研究中文的学习以及中文认知方面的问题，来解决"如何学习"的问题；第三，基于教育学，研究教学的一些方法或者理论性知识，来解答"怎样进行教授"的问题；第四，关于怎么样在教学过程中运用先进教育技术的研究问题。[2]

对外汉语教学的学科特性：强调汉语和外语双语教学，旨在培养有深厚的汉语和外语基础，并且对中国文学、中国文化和中外文化交流有整体的理解，同时可以提升潜力的高级对外汉语专业人才。此外，这些人才还能在国内外各类机构（如各种学校、新闻出版单位等）中担任对外汉语的教学或者从事与中外文化交流有关的实践性语言学高级职务。

2. 汉语国际教育学科内涵

汉语国际教育当中的硕士专业学位（简称 MTCSOL）是一项与国际汉语教师职业紧密关联的专业学位。它与对外汉语教学当中的学术型研究生的培养不同，MTCSOL 主要致力于培养高层次、应用型、复合型的国际化人才，他们既具有扎实的汉语作为第二语言的教学技巧，也拥有优秀的文化传播以及跨文化交际能力，能承担汉语的全球推广工作，并胜任多样的教学任务。

汉语国际教育的学科构造可以从三个方面进行理解：首先，学科理论基础是首要的，是指与该学科成长紧密相关的基础学科，如语言学、心理学和教育学等；其次，学科理论体系是指在这个学科内部的基本理论体系，如汉语的获取理论和汉语作为第二语言的教学理论等；最后，学科应用研究涉及用学科理论来进行教材的开发、评估、测试、课堂教学和教师培训等专门研究。

3. 从"对外汉语教学"到"汉语国际教育"学科内涵的拓展

从对外汉语教学到汉语国际教育，"谁来教""教谁""在哪儿教"都有了变化，

---

[1] 吕必松. 我们怎样教汉语：兼谈汉字教学在汉语教学中的地位和作用[J]. 汉字文化，2012（1）：16-26.

[2] 赵金铭. 国际中文教育资源体系的特点与构建[J]. 汉语教学学刊，2022（1）：1-8, 148.

尤其是教学对象和范围有了较大的扩展，教学环境由中国国内为主变成了以海外为主，这些都反映了汉语教学从"请进来"学汉语到"走出去"推广汉语的转变。除此之外，还有一些其他的变化。

第一，使命发生了转变。自 20 世纪 90 年代以来，随着中国改革开放的深入，汉语快速走向世界，汉语教学的使命也从单一的语言教育转变为汉语国际推广，特别是随着孔子学院在海外的陆续建立，学习汉语的热潮在海外兴起，开展汉语言文化国际传播的紧迫性越发凸显。

第二，内涵更加丰富。"对外汉语教学"的传统研究领域主要是与教学紧密相关的本体问题，侧重于"汉语语言学、汉语习得理论、汉语教学理论和研究方法等基础理论和总体设计、教材编写、课堂教学、测试评估、教学管理和教师培养等应用研究"。汉语国际教育专业的设立，融合了原来专业目录里的对外汉语、中国语言文化、中国学和中文教育等多个二级学科方向，丰富了学科内涵，扩展了学科研究范围。

第三，由强调英语到多语种应用。1998 年版的专业介绍中提道：英语是外国语的典型代表，强调注重汉英双语教学，培养具有较扎实的汉语和英语基础的专业人才。2012 年版的本科专业介绍中，在外语方面的第一个变化就是英语不再作为外语的典型代表出现，而仅是和其他语种并列的一门普通外语，强调多语种应用。

第四，从专业汉语教学向大众化、普及型、应用型教学转变，更加重视应用和实践。2012 年版的本科专业目录中介绍的汉语国际教育专业更加重视应用和实践，具体表现为专业培养目标中明确指出"本专业培养掌握扎实的汉语知识……从事与语言文化传播交流相关工作的中国语言文学学科应用型专门人才"；关于专业能力的培养要求，从"具有从事语言或文化研究的基本能力"（1998 年版）修改成了"掌握综合运用所学知识开展语言文字工作、汉语国际教育以及国际文化交流实践的基本能力"（2012 年版）。

（二）从"汉语国际教育"到"国际中文教育"

1. 国际中文教育的学科内涵

国际中文教育的英文名称是 International Chinese Language Education。2020 年，国际中文教育面临新形势、新要求。学术界深入解读"国际中文教育"的概念内涵，建议构建主体多元、资源整合且涵盖国内对外汉语教学、海外中文教育、海外国际中文教学的国际中文教育体系，发展"中文＋职业／专业"的教育模式，促进本土化中文教育发展；建设汉语国际教育一流本科专业，打造中文教育智库，推进新时代侨民教育，发展中文水平测试，从多种角度来对国际中文教育转型的发展策略进行探讨。国际中文教育是一个包罗万象的概念，覆盖了全球各种形式的汉语教学，既涵盖了在国内对外国留学生进行的汉语方面的教学，又涵盖了在国外的对于当地居民或者华裔进行的中文教育。

我们可以将国际中文教育的学科内涵研究领域概括为三个层面：微观层面、中观层面和宏观层面。微观层面主要包括面向国际中文教育的语言本体研究，汉语习得研究及"三教"改革[①]研究等；中观层面主要包括汉语国际传播机构、传播领域和行业等；宏观层面主要包括国家的国际中文教育发展规划、标准体系、事业发展和学科建设、国别与区域中文传播政策、传播体系及社会环境等。

2. 从"汉语国际教育"到"国际中文教育"学科内涵的变化

从"汉语国际教育"到"国际中文教育"，"教谁""在哪儿教"两个因素有了较大的变化，首先是教学对象范围有了较大的扩展，不仅涵盖在国外、国内的外国人，而且包括第一语言为非汉语的华人及其后裔；其次，教学环境由以海外为主变成国内、海外和虚拟空间多种类型。

除以上两点之外，从"汉语国际教育"到"国际中文教育"还有以下内涵变化：

第一，学科重心的转变。国际中文教育在学科建设方面的工作重心由以往的学科基础理论与教法研究向学科体系建设与标准体系建设并重转变。新时代，基于国际中文教育人才培养的多元化需求，在强化学科基础理论研究的同时，必须不断拓展新视野，做出符合现实情况的新概括；针对国际中文教育在教育教学模式等方面发生的新变化，需要加强学科理论研究，并促进国际中文教育的高质量发展。国际中文教育学科的一个显著特点是国际性，它需要将全球各个国家和地区在中文教育过程当中遇到的各类理论以及实践性问题研究都考虑在内。中国是国际中文教育的母语国，我们需要主动承担有关中文国际标准的研究与制定任务，以强化我国在国际中文教育中的主导地位。

第二，发展方式的转变。进入 21 世纪以来，全球多元文化互鉴交流频繁，

[①] "三教"改革：教师、教材、教法的改革。

外国民众对于中文的学习热情高涨,国际中文教育发展迅速。当前的国际中文教育在发展方式方面急需从以规模增加为主的高速度发展模式转变为内涵式高质量发展模式,从单纯的中文语言教学转变为多元化的"中文+"教学模式,把汉语教学融入各国教育体制内的本土语言教学,把传统的线下教学模式转变为线下与线上相结合的模式。

第三,人才培养模式的转变。新时代,随着人类命运共同体理念的深入人心和"一带一路"倡议的实施,很多国家对不同层次国际中文人才的需求大增,急需调整人才培养的目标,有效对接国际市场的需求。一方面,学科人才培养需要向立体多元化的结构转变,横向需要拓宽幅度,即进一步拓展人才的适应广度;纵向需要提升高度,即提高学历教育层次。另一方面,急需以服务当地经济建设为导向,积极通过模式转型来实现国外市场"需求侧"与国际中文教育人才培养"供给侧"的无缝对接,以教育供给侧改革引领国际中文教育转型发展。

第二节 国际中文教育与跨文化理论

一、文化视域下国际中文教育的教学目的

(一)以"培养语言能力"为基础

1. "语言能力"的界定

在语言学和应用语言学的研究领域,"语言能力"这一定义被广泛使用,且内涵丰富多彩。由于每一位学者均以各自的研究方向与目标为出发点,因此对于这个定义的理解和分析会有所差异。因此,至今在语言学领域并没有对"语言能力"一致并且精准的定义。这一定义通常取决于研究者的理论角度和需求,而不受特定概念的约束。在语言教学领域,"语言能力"也是一个被频繁使用的术语,人们对此的理解也各不相同。

在国际中文教学中,"语言能力"的理解主要包含以下部分:"语言技能"指的是听、说、读、写等各项技能,以及对这些技能全面整体应用的能力;"交际能力"不仅涵盖了对语言形式的了解和把控,也涵盖了在各种不一样的场合中同多

种多样的人能够成功进行交流的能力;"跨文化交际能力"则特指在不一样的文化背景的人当中进行探讨的时候,能够积极展现跨文化的意识,乐于去辨别文化上的差异,并且消除文化障碍,从而成功进行交流的能力。

语言的理解需要对语言知识的精通,而语言的运用则需要语言技能方面的训练以及交际能力方面的培养。所以,我们可以把"语言能力"定义为"语言的理解和应用能力",如此一来,"语言能力"就包括语言技能、交际能力等多个方面,它们可以被视为语言能力中互相联系的不同维度。

2."语言能力"的构成

在外语教学领域,专家按照从简单到复杂的顺序将外语学习分为五个行动阶段。一是借助模仿和背诵来获取目标语言知识的阶段,也就是机械记忆阶段。二是主要学习目标语言的基本知识、规则和与之有关的知识学习阶段。三是把学习到的知识应用在多种情境中,即知识转移阶段。四是利用外语和文化知识,把这两者当作工具,以此达成自然交际的阶段。五是借助学习到的知识来进行创新性的分析、评估或研究,也就是创新阶段。这个目标揭示了语言发展过程,即从把控学到的语言方面的知识到了解透彻语言方面的含义,之后就是将语言进行内化并应用到实际生活中去,最后创新性地使用语言。在《语言教学的基本概念》中,加拿大语言教育理论专家 H. H. 斯特恩(H. H. Stern)认为,语言技能的获取应包括四个主要部分:掌握语言形式、理解语义、发展交际技能和创新性应用。他将语言学习过程理解为"学习语法规则—理解语言意义—培养交际能力—创造性地运用语言"[①]。以上两种理论都是将语言学习的基本步骤当作主线,其中每一个层次都是后面一个层次的基础,后面的一个层次又是对前面一个层次的提升。以上两种理论都涵盖了语言发展层次方面的理解,给语言学习者带来更加宽广的思考范围。

2001 年,经过 9 年的研制,欧洲理事会制定了《欧洲语言共同参考框架:学习、教学、评估》,并在 2003 年修订后正式公布。此框架全方位地阐述了语言学习者为了有效交流所需掌握的各项知识和技能、语言活动,以及语言使用的场景和水平准则,其中包括对语言能力的详细描述。该框架把"语言能力"划分为两个部分:一是综合能力,包含知识、能力和技能、精神境界、学习能力;二是语

---

① 斯特恩.语言教学的基本概念[M].刘振前,宋青,庄会彬,译.北京:商务印书馆,2018:1.

言交际能力，包含语言技能、社会语言技能和语用技能三个层面。这个由欧洲理事会发布的《欧洲语言共同参考框架：学习、教学、评估》为欧洲各个国家的外语教学与评价设定了标准，为欧洲的语言教学大纲设计、课程指导、测试和教材编制等提供了一定的理论支撑。

（二）以"促进文化交流"为旨归

1. 自觉推广本国文化

作为中国文化的传播载体，国际中文教育应该坚守其所继承的文化价值，致力于推动文化的传播与普及，进而推动中国文化的发展。教学过程以其隐含、温和、易于接受的特性更好地帮助学习者接受和认同外来文化，实现教育的引领和熏陶作用。然而，过去的国际中文教育因受"语言工具论"的限制，中国文化元素的传播力度被大大减弱，使教学的文化功能严重受损。

在文化视角下，国际中文教育需要再次思考教学和文化的关系，放弃单纯的语言工具观，实现文化自觉的教学。在面对外国学生的时候，对外汉语教师应该以真实和客观的态度展示中国文化，打消他们对中国文化的陌生感与错误的认知。所传递的文化既不能过于深奥，令人难以理解，也不能一概而论、自我否定。对外汉语教师需要把我们最好的文化带入世界文化的盛宴中，让外国学生享受到独特且富有营养的文化大餐，从而使中国文化得到更广泛的认可和赞赏。正如美国大学理事会和AP汉语与文化课程委员会在《AP汉语与文化课程概述（草案）》中所明确的，AP汉语课程将中国文化放置在国际环境中进行审视。学生在学习中国文化与社会问题的过程中会因为经济全球化背景而受到一定程度的影响，他们需要培养在国际这个重大议题的环境下对中国所扮演的角色的理解和认知。AP汉语课程借助比较中国的文化产物、习俗以及观念与学生所在社会的相关情况，扩展了学生的全球视野。学生可以在学习了中国文化和习俗的基础知识之后，深入理解这些文化所反映的中国世界观。文化产生作用是一个循序渐进的漫长过程，我们应该给予一定的耐心，并且持续地将我国的文化进行传播与发扬，让中华优秀传统文化深植于外国学生的内心。这样，他们不仅可以认知并欣赏中国文化，还能够深化同中国人民的友谊，让语言与文化传播的共振得以完成。

2. 理解尊重异国文化

国际中文教育为汉语学习者打开了获取多元文化知识和理解多元文化思想的

大门。在遵循多元文化发展与国际理解教育的原则之下，国际中文教育既积极推广本国文化，也要求学习汉语的人去认可和尊重其他族群的文化，以此来消除因文化差异带来的不公平现象。在国际中文教育的实践中，对外汉语教师需要确保所有学生的语言、文化和宗教信仰被公正地对待和尊重。我们需要认同文化间的平等性，公正地看待其他文化的价值观和理念，从而培养具有多元文化观念和精神的个体。

在进行第二语言教学时，我们必须坚决摒弃文化单边主义的观念，这对国际中文教育同样适用。美国语言教育家斯蒂芬·克拉申（Stephen Krashen）认为，外语教学应被视为一个双向的文化交流过程。这种交流模式并非以目标文化的行为准则为单一输入方式，而是重视各种文化的共享参与和互动交流。克拉申强调，学习外语是一个突破界限的步骤，学习者应意识到，对于同一个事件，可以借助多种不同的视角进行解读。他们应持有平等的视角来对待各种文化，并培育吸收目标文化精神内核的能力。在实践领域中，"平等"是人对自身地位的认知，即认识到他人与自己处于平等地位。文化平等意味着所有人类文化群体在其核心上并无优劣之分，而是享有平等的地位和发展权益。尽管每个文化群体都有其独特的形态、特征、历史和成就，但每一种文化都是对某个特定人群生活方式的体现，是其长时间发展的结果。平等是推动文化多样性发展的核心，也是不同文化和平共存的关键。因此，在国际中文教育中，我们应该坚守我国五千多年的文化，面对国际性文化融合的现状时，应该保持我国文化的独特性，灵活适应，理解文化多元化的背景，谨慎地吸收别国文化的相关元素，以便在借鉴的基础上进行创新和提升。此外，对待来自世界各地、具有不一样文化背景的留学生，我们必须持有公正、理解、包容的态度，这样做可以解决可能出现的文化冲突，并获得尊重。

二、文化视域下国际中文教育的教学内容

（一）文化内容的选择

1. 文化资源的存在状态

文化的定义是什么？这个问题本身就引发了很多争论。一般来说，我们可以将文化划分为三个主要的类别：物质文化、制度文化和精神文化。物质文化代表

为了满足人类的生活持续发展的一些需求，从而创作出来的各种各样的物质及其所表达出的文化特性，涵盖了食物、服装、建筑等，以上种种都可以说是文化要素或文化景观的具体体现。制度文化则是人类为了维持自身的生活以及促进社会进步而主动创建的有序的规范体系，主要含有家庭婚姻制度、社会组织制度等。精神文化则是建立在物质文化基础之上的人类独有的思想体系，其中含有价值理念、宗教信仰、习俗等。

文化是一个综合概念，包罗万象。文化的含义十分复杂，并且分类多种多样，因此，国际中文教育可以获得广泛的文化资源，包括自然和社会方面。不仅有明显的，也有潜在的；既包含抽象概念，又涉及具体实体；既有动态的，又有静态的；等等。在理论层面，以上文化资源可以被纳入国际中文教育的文化课程中，这是因为文化教育是一种包含多种文化的教育，其中任何一个文化点都可以涵盖许多文化层面的知识。举例来说，当我们介绍某一处名胜古迹时，需要把地理、历史、建筑等多种文化元素融合在一起，才能完整地描绘它的历史和文化底蕴。文化的真实状态是各种文化元素相互融合、协调和衔接，形成有机的文化体系。在国际中文教育领域，文化也呈现出丰富多彩的特征。

受地域环境、传统习惯以及个体差异等因素的影响，各种文化资源都可能呈现不同的特征。即使在相同的文化背景下，各个地区可用于开发和利用的文化资源也可能存在不同之处，包括其构成的形式和表现的方式。此外，文化资源也不是一成不变的，而是与社会的演变不断互动并不断涌现出新的内容。在高速发展的信息时代，不一样的人群、种族、文化的距离越来越近，世界文化多元化特征更加显著，不一样的文化之间的交流和互动也越来越频繁，因此文化之间的同化趋势变得更加明显。

2. 文化内容的选择取向

所有与文化相关的信息都可以融入国际中文教育中。面对文化资源的多样性，我们应该如何决定要引进哪种文化呢？即使国际中文教育界已经针对这些问题进行了多年的探讨与研究，但这些问题依旧没有一致的标准，也很难确定一个与国际中文教育需求具有较高适配度的文化纲要。

根据上述理由，人们觉得国际中文教育所包含的文化元素是一种充满活力的、包含物质和精神层面的复杂实体。具有构建性的文化内容超越具体的文化形态，主要表现在鉴赏、批评、反思以及产生的机制上。由于不同文化特质的消长不定，其内涵、价值、意义也在不断增减，所以无法制定具体可行的纲要。张英指出："与'语法''词汇'等纯语言类大纲不同的是，'文化大纲'应该是一种开放型的大纲……'文化大纲'的基本框架应该是一种有主干、有分支的'树状'结构而非'线形'结构，即具有可选择性的'开放'形态。"[①] 根据她的观点，语文教学大纲中的"语法""词汇"等语言类知识更多地展现出的是客观规律，因此可以按规律由高到低进行线性排列。相对于其他教学形式，文化教学更多地采用隐性的方式进行，不仅在语言系统内部存在，而且在语言形式的外部存在。另外，由于不一样的学生个体对文化学习的需求存在非常大的差异，因此需要有针对性地进行教学。

张英的研究既注意到文化内容的复杂性，也察觉到学生学习需求的多样性，这为我们深入探讨进入国际中文教育领域的文化提供了有益的基础。并且，我们意识到只将一些文化融入教学内容中是不能让学生得到满足的，然而，将所有文化内容都纳入教学范围可能会造成学生的学习负担过重，加之教学时间和空间的限制，实现这一目标并不现实。基于这一事实，我们推崇在特定规范的引导下，创建一种相对多元的文化形态。在国际中文教育中，所谓被一定原则所指导，是指我们不能漫无目的地引入文化内容，而必须考虑文化选择是否符合特定的标准和要求。

（二）文化内容的组织

1. 以主题为中心组织文化内容

当今，全球有两种主流的教学体系：分科式教学与主题式教学。针对不同学科的教学规律、教学原理和教学方法，分科式教学制定与之相匹配的教学目标与任务、教学内容与要求等。通常情况下，将学科知识按照最具逻辑性的形式整理出来，可以清晰地呈现教学内容，并提供可靠的组织方式，方便教学工作的开展。分科式教学强调对知识内容进行分类、有机连接和系统化，对知识的处理与传递有很大的帮助。然而，这些内容都是预先设定的，借助一些外部环境将学生应该掌握的知识进行规定，而在真实情境下所了解和应用的知识通常不是通过上述方式展现的。因此，这种教学方式并不能最大限度地激起学生的兴趣。主题式教学

[①] 张英."对外汉语文化大纲"基础研究[J].汉语学习，2009（5）：93-100.

要求教师以主题为导向，在考虑学生现实情况的基础上，有选择性地使用教学资源，从多个角度帮助学生获取各种知识，同时鼓励学生积极参与教学过程，让他们自己寻找资料，并在此基础上提出部分问题并尝试解决问题。

2. 以经验为中心组织文化内容

根据现代的知识论观点，获取知识是一个不断发展的过程。在这一过程中，个人的现有生活经验居于核心的地位。

将国际中文教育的文化内容以经验为核心进行组织，就是让文化教育回归到日常生活中，紧密结合学生的生活，实现文化教育与实际生活的无缝衔接。在文化教学中，需要注重学生个体文化知识的培养，不应该只是重视客观系统的文化知识传授，还应该关注学生在日常生活和学习中的体验和经验。这样做能够将科学和生活进行有机结合，为学生未来的工作、生活打下坚实的基础。在国际中文教育中，我们需要对学习者的差异性保持尊重，并为其提供机会，让他们进行文化自主选择，而非只将其视为参与教学活动的文化接受者。每个人在获取知识和文化的过程中，也同时在对新的知识和文化进行创造。对于留学生而言，与社会互动、日常生活经验以及文化反思和比较，都为其深度融入中国文化提供了契机。

3. 以活动为中心组织文化内容

在国际中文教育中，应该充分想到活动这个层面，通过各种形式组织和呈现中国文化内容。一些形式多样的活动，如文化表演等，可以使留学生深入了解我国多种多样的文化习俗，并让他们融入其中。中文学习者通过实践活动，能够全面地了解中国文化，同时将学校教育、社会实践、科学知识和人文情感有机融合在一起。综合来说，以活动为核心的文化内容组织要跳出教材和课堂，积极融入当地的社会生活中，让学习者深入了解丰富多彩的文化世界。

文化组织在国际中文教育中可以充分利用潜在课程的特点，通过适当涉及文化内容的教学活动和教材编写方式，将文化内容融入语言学习和技能训练中。同时，要在教育环境中营造有利于文化习得的氛围，如在教室、走廊、宿舍的美化设计上，又或是在课外活动计划的制订上，充分考虑如何融合文化元素，使整个教育环境中弥漫着浓郁的文化气息。这样，中文学习者不仅能够感受到中国文化的新奇之处，还可以拥有身临其境的体验。这种浓郁的气氛能让中文学习者了解和认知中国文化，从而产生潜在的文化作用，在不知不觉之中刺激他们学习中文。

第三节　高校国际中文教育问题研究

一、高校国际中文教育的全局效益

（一）高校国际中文教育的文化效益

国际中文教育不仅是汉语教学活动，更是一种富有文化内涵的使命。它旨在传播中国文化，将中华文明发扬光大。作为国际中文教育的代表，高等教育机构有着重要的文化职责，包括保持世界文化的平衡和振兴中国传统文化。

通常情况下，教育效益指的是教育对培养人才以及给社会带来的影响和收益。教育效益涉及社会和个人两个方面的收益。教育对社会有非常重要的作用，它可以促进社会的物质和精神财富的增长，同时通过人文教育的作用，为社会机体提供平稳的润滑剂，共同推动社会的发展和进步。个人可以通过接受教育来扩展知识和提高技能，提升劳动力素质，并增加个人人力资本的价值。这样，在就业市场上，个人可以获得更高的评价和报酬。

个人和社会都能因受到教育而获得直接或间接的效益。通常所说的教育内生效益是指教育本身所带来的内在价值和利益。教育的间接成果也叫作"教育的溢出效应"，指的是教育活动对受教育者产生的影响，这种影响将在其他方面得到收益。无论是教育的直接效益还是间接效益，都可以通过多种不同的方式来展现：政治方面的影响，如"教育强国，文明铸就国家"；经济方面的影响，如"知识是最重要的生产要素"；某些情况下，有一定概率是出于文化方面的原因，如"唯教育万民方能使天下繁荣昌盛"。就教育而言，其价值不只体现在经济方面，还表现在社会和文化层面上。

教育的文化效益指的是在全面教育过程中，教育参与者在不同领域获得的收益，包括精神、物质、行为、制度和器物等不同方面的收益。

根据前述对教育效益和教育文化效益的分析，我们可以将国际中文教育的文化影响视为受教育者在学习过程中所获得的精神、物质、行为和制度四个方面的综合收益与对社会产生的影响和利益的总和。高校国际中文教育所带来的文化价值可以理解为其产生的多种利益和效果的总和。

（二）高校国际中文教育的经济效益

教育不仅是一个综合系统，也是一个重要的经济部门，其主要作用是培养高质量、高数量的劳动力，这些劳动力能提高生产效率，促进社会经济的长期发展，从而创造经济效益。教育的经济效益可以从教育投资来源和所带来的回报进行细分，其中包括私人与社会两个方面的经济效益。个人的经济效益是从个体角度出发的，综合教育投资的成本和效益之间的关系。社会经济效益是综合考虑教育投入与产出两者之间的联系，从社会整体的角度来衡量。

语言是一种重要的战略资源，构成了文化、经济、政治、军事的基石。汉语的国际传播有助于推动与之相关的文化产业以及投资贸易的迅速发展，产生新的经济增长动力。语言文字是一个国家文化的承载者，同时也是这个国家政治和经济方面的资源。高校国际中文教育的经济效益主要体现在以下几个方面：首先，吸引大量的国际学生来华学习，增加了学校的教育收入；其次，提高学校的国际影响力和知名度，有利于学校的长远发展；再次，通过国际交流与合作，可以引进国外的先进教育理念和方法，提高学校教育质量；最后，通过培养国际化人才，为我国的经济社会发展做出贡献。

二、汉语作为第二语言教学的理念与原则

（一）宜简不宜繁

在进行国际中文教育时，必须遵循简明易懂的原则。在汉语教学课堂上，特别需要重视这一原则。在全球学习汉语的背景下，汉语教学内容需要简明易懂，容易掌握。教学方式应该具备简单易懂、易操作的特点。教学语言应当简洁明了，容易理解。

过于复杂的内容会让学生感到困惑，无法真正理解教学的核心内容和主旨。因此，应该仔细筛选教学内容，选出根本性的、不可削减的部分。举例来说，当教育者进行语法教学时，他们应该考虑遵循一些准则。通过对比分析两种语言的独特之处，教育者能帮助学生更加深入地理解和牢记汉语句式，从而收获更好的教学效果。

课堂教学时间是有限的，因此，教师需要在有限的时间里面尽自己最大的努

力完成教学任务。为了达到这个目标，教师需要选择适当的教学方法。

课堂是一个教育的场所，目的在于向学生传授知识或解决问题，并澄清困惑。无论是向学生传授知识或解决问题，都必须使用语言来进行交流。在语言教学课堂上，语言的重要性不言而喻。优秀的教学口语丰富多样，而普通的教学口语千篇一律，其中主要包括小题大做和简洁直白。对于教育者而言，应该注意反思自己在教学中是否存在过度琐碎的表达倾向。在上课时，需要用简明扼要的语言表达重点内容，不应该不停地重复，更不应该让口头语成为习惯。重复重点是必要的，但需要注意节制。

在处理"平铺直叙"的情况时，教育者应该重视改进，能够运用话剧演员的技巧，通过朗诵等方式来提高讲述的生动性和吸引力。如果一位教师在上课时总是保持一成不变的语速和腔调，不管他正在讲授什么内容，都会形成一种枯燥的氛围，导致学生提不起兴趣。此外，这也会直接影响到教学效果，导致学生在课堂上难以集中注意力，最终无法记住关键内容。所以说，为了保持学生的关注度，教师在教学过程中应该注意讲话的音调和节奏，保持速度快慢的变化，从而创造出课堂氛围的起伏，使课堂充满生机与活力，让学生能够全神贯注地聆听教师的讲解，理解教学内容，并掌握所学知识和解决相关的疑惑。

（二）语义、语法、语用并重

在汉语教学中，需要注重语义、语法和语用的平衡，特别是要对词汇教学加以关注，因为词汇问题通常涉及语义、语法和语用。在汉语教学过程中，必须综合考虑语义、语法和语用的因素。

（三）螺旋式上升

汉语教学的提升是一个逐步积累的过程，在教学过程中慢慢达到更高的水平。这种提高并不是一成不变的直线进步，而是一个螺旋式上升的过程。在教授汉语时，不能只是简单地重复，而应持续地提高学生的汉语掌握水平，让他们在最开始的基础阶段付出努力，从而取得更高的理解与应用能力。

通常，对于外国学生，尤其那些母语为拼音文字的学生来说，学习汉字是汉语学习中的最大挑战之一。这种情况形成的原因可以归结为以下三个方面：

汉字本身的特征是第一方面的原因。早期的汉字字形主要从表象和意义出发，但经过几千年的演变，大部分汉字都没有了象形表意的功能。即使很大一部分汉字属于形声字，但记录相同音节的字形通常不止一种，有些形声字的音节与字的发音存在一定程度的差异。现代汉字有二三十种不同的笔画类型，而且很多笔画之间的差异非常细微。这些笔画之间的差异是对汉字形状进行区别的核心方法。在外国学生看来，汉字就变成了由一组曲折的笔画无规律地结合而成的符号。

学习者的个体差异是第二方面的原因。外国学生来自非汉字文化背景地区，对汉字不怎么了解。他们通常学习拼音文字，因此，第一次接触汉字的时候，汉字的神秘和陌生感会给他们留下深刻的印象。

汉字的教学方法是第三方面的原因。我们无法掌控上述两个因素，但是第三个因素则是能够改变的。国际中文教师在教授时需要致力于发现各国学生在学习汉字时的一些共性规律，并研究行之有效的适应方法。

第四节　国际中文教育的发展策略

一、语言学习与语言教学的理论与方法

国际中文教育作为一项事业，涉及宏观政策和发展战略的问题。而国际中文教育作为一个学科，我们要关心的问题就不太一样。学科问题是一个科学问题。语言学习是一个过程，在这个过程中学习者会遇到哪些困难？哪些学习策略会帮助学习者提高学习效率？不同母语背景的学习者和不同性格特点的学习者在学习中遇到的困难是否相同？不同的学习环境（如线上和线下的环境）对学习者学习成绩的影响是怎样的？不同的教学理论和教学方法对学生的影响是怎样的？语言学习的成绩和语言能力存在正相关关系吗？语言测试如何影响语言学习的进程和学习者的学习动力？这些问题都没有现成的答案。要想知道答案，必须做实证研究。语言学习是一个认知的过程，而对于学习者在学习语言的过程中到底经历了哪些认知阶段，认知过程究竟是怎样的，影响其认知进程的因素有哪些等，我们并不完全知道。以前我们更多地关注教学理论和教学法，而对学习者学习过程的关注是很不够的。目前国际上第二语言习得的研究进行得如火如荼，但是中文第

二语言习得的研究时间并不长。在第二语言教学领域关于语言学习和教学法、教学理论的研究吸引了语言学界、教育学界和心理学界的许多学者，而国际中文教育领域各方面的合作研究才刚刚开始，探索空间广阔，发展潜力巨大。

二、互动语言学与中文教学

互动语言学是近年来兴起的一种研究视角。从本质上说，语言交际是一种互动行为，因此互动语言学是在话语分析和会话分析的基础上发展起来的一种研究范式，它特别重视自然语言中的口语，甚至认为口语语法与书面语语法是两套不同的语法体系。有学者从句法选择、形式验证、会话序列、韵律和多模态研究等方面阐述了互动语言学研究的相关课题及其进展。互动语言学的研究范式和研究成果能不能拿来为语言教学服务？互动语言学的理论和方法是基于用法的研究，而中文第二语言教学的语言研究也是基于用法的研究，因此互动语言学与汉语教学有交叉点。我们期待互动语言学基于用法的研究能够从本质上揭示中文语法的规律。互动语言学不只研究"说了什么"，还要研究"怎么说的"。这一点与语用学中的言语行为理论不谋而合，但是互动语言学走得更远。当然，言语行为理论除了研究说了什么之外，即"言有所谓"，还要研究说话人的用意，即"言有所为"。语言学家要研究言语行为中的语力，研究言语行为中的言内之力和言外之力，研究间接言语行为所呈现出来的语力，研究言者的交际意图，研究言语行为中的具体表现形式，如请求和警告、感谢和道歉、承诺和声明、质疑和许可等。这里也会涉及语用学中的礼貌原则和合作原则，涉及语用意义中的蕴含、预设、推断和话语的会话含义。这种纯理论的研究对语言学习和语言教学是有启发的。国际中文教育中的话题设置和情境设置离不开言语行为中的这些具体的言语行为。国际中文教育应该关注语言学理论的发展趋势，并用语言学理论来解决实际问题。

三、国际中文教育人才培养体系

陆俭明具体阐述了汉语教师应该具备的知识结构、能力结构和文化修养。[①]

---

① 陆俭明.新时代国际中文教育理念创新和实践探索的若干思考[J].语言教学与研究，2022（4）：1-8.

目前全国国际中文教育专业的本科在校生有6万多人，各校的课程体系和培养目标不尽相同，因此学生的培养规格也不一样。有的学校重视学生的外语水平，有的学校重视学生的汉语水平，有的学校重视学生的跨文化交际能力，不一而足。这只是问题的一个方面，更严重的问题是这些学生毕业之后出路何在？有一部分人会继续攻读国际中文教育的专业硕士，甚至博士。我们应该认真研究对策，打通学生就业的渠道。程娟、施家炜就国际中文教育专业人才培养的现状、存在的问题进行了调查研究，并指出了国际中文教育专业的发展方向，我们特别需要这样的研究。[①] 国际环境的变化、国际中文教育的转型、现代教育技术的发展、国际中文教育本土化理念的变化、国际中文教育社会需求的变化都会给国际中文教育人才培养体系带来影响。我们应该对这些影响进行科学的评估，更好地完善国际中文教育的人才培养体系。

四、国际中文教育发展与评价

"它山之石，可以为错。"（《诗经·小雅·鹤鸣》）文秋芳从语言之外的因素出发对中文的国际传播进行评价。文秋芳借鉴英语国际教育的经验，对国际中文教育提了三点建议[②]：第一，我国国际中文教育需逐步取消本科专业，控制扩大硕士点，增加博士点，提升硕士点、博士点的教学质量；招生对象从以中国学生为主转为以外国留学生为主。第二，国别化教材应主要由当地学者负责编写，我国学者或出版社不应越俎代庖。第三，根据语言与文化之间可分度的强弱，语言文化教学采用不同的策略。国际中文教育作为一项事业，有自己的发展目标。我们应该对这项事业的发展进行实时评估，总结经验，发现问题。例如，祁伟对国际中文教育的发展进行了评价研究，并提出了建议；[③] 詹春燕和李曼娜对孔子学院可持续发展的指标、模式和展望进行了研究；[④] 吴应辉对全球中文教学资源的现状进

---

① 程娟，施家炜. 汉语国际教育本科专业建设研究[M]. 北京：北京语言大学出版社，2017：3.
② 文秋芳. 论外在学术语言和内在学术语言：兼及中国特色学术话语体系构建[J]. 语言战略研究，2022，7（5）：14-24.
③ 祁伟. 国际中文教育发展与评价研究[J]. 湖北开放职业学院学报，2020，33（22）：93-94，101.
④ 詹春燕，李曼娜. 孔子学院的可持续性发展：指标、模式与展望[J]. 华南师范大学学报（社会科学版），2014（5）：78-82，163.

行了研究和展望；① 马箭飞对国际中文教育的发展进行了回顾与展望；② 刘晶晶和吴应辉对孔子学院与英国文化协会、法语联盟、歌德学院等主要语言传播机构进行了比较研究，并对孔子学院的发展提出了建设性意见。③ 这些研究对我们把握国际中文教育事业发展的方向是非常有帮助的。我们可以借鉴他人的成功经验，吸取他人的失败教训，避免在发展的过程中冲动行事或者畏缩不前。

---

① 吴应辉. 新时代国际中文教育服务强国战略八大功能与实现路径[J]. 云南师范大学学报（哲学社会科学版），2022，54（3）：48-56.
② 马箭飞. 国际中文教育开创新局面[J]. 神州学人，2022（1）：10-11.
③ 刘晶晶，吴应辉. 孔子学院与其他国际语言传播机构办学状况比较研究（2015—2017）[J]. 民族教育研究，2020，31（6）：126-134.

第五章 海外华文文学研究概况

海外华文文学也是中文国际传播的一种重要形式。海外华文文学的兴起,拓展了现当代华文文学的研究视野,为国际中文传播提供了重要途径。本章为海外华文文学研究概况,分别为海外华文文学概述、世界华文文学发展历程简述、华文文学的跨语境传播、华文文学与文化认同。

第一节 海外华文文学概述

一、海外华文文学的内涵和特征

(一)海外华文文学的内涵

在《海外华人》中,法国学者弗朗索瓦·德勃雷(Francois Debre)描绘道:"两千万人分布在各洲各国,从巴西到印度尼西亚,从越南到英国,这就是海外的中国、外部的中国,一个隐蔽甚至神秘的中国,一个守旧而又时髦的中国,一个繁荣的、不问政治然而忠诚大陆的中国。"[1] 虽然这种评价不太正确,但它也揭示了一个事实,即海外华人华侨有两个显著特点:第一,他们分散居住在全世界许多国家;第二,他们对我国有深刻的精神和文化认同,并与我国保持着紧密的联系。

因为海外华人华侨在文化和精神上与中国有着紧密的联系,所以他们创作的文学作品在世界各国形成了一种新的文学,被称为"海外华文文学"。这种文学与中国文学有密切关联,但表达方式和思想内涵截然不同。柳永是我国宋代著名的词人,其词作广泛流传于民间。有人说,"凡有井水饮处,皆能歌柳词"(南宋叶梦得《避暑录话》),今天我们同样可以说,只要有海水流通处,就有海外华

---

[1] 德勃雷. 海外华人 [M]. 赵喜鹏,译. 北京:新华出版社,1982:8.

文文学的传播。海外华文文学起源于中国大地,然后离开了这片土地,像孤独而绚丽的山花一样,在世界华人华侨聚居的地方顽强地生长着。这些文学作品在全球文学殿堂中留下了自己独特的气息,散发着璀璨的光辉,越来越受人瞩目和喜爱。

海外华文文学是一种具有全球性影响的文学现象,已经存在超过了50年,但人们对其关注和研究的时间却不长,对于海外华文文学的称谓、定义、分类、范畴和特性等问题,各路文学界人士仍持不同的看法,尚未形成共识。如果不明确界定范畴,就难以对海外华文文学进行一致性的评论和研究。不同的人会有不同的见解,这会导致研究和比较变得困难。因此,我们有必要了解当前对海外华文文学称谓、定义、分类、范畴和特性等问题的各种看法。

"海外华文文学"这个名称和它的概念最初由国内的研究人员提出,并沿用至今。一些华文文学的作者和研究者在这个问题上持有不同的看法。他们中有些人认为,"中国域外汉文文学"这个术语更加准确和恰当。这是因为,"海外华文文学"仅使用汉文作为表达工具,而汉文是中国众多民族中使用最为广泛的一种文字,不能以偏概全,用汉文代替整个华文;一些人觉得,不应该称之为"海外华文文学",而应该叫作"世界华文文学",这样中国文学也会被包含在内。如果使用"海外华文文学",好像中国文学就没有被纳入其中;此外,一些华人作家和学者在探讨东南亚的华人文学时喜欢使用"亚细安华文文学"来概括这些国家的华文文学作品。另外,也有人在海内外将"海外华文文学"称为"海外华人文学"。每种观点都有其独到之处,各有各的道理和依据。然而,长期以来,"海外华文文学""华人""华侨""华文""华语""华校""华报"等词语紧密关联,已成惯例,人们已理解"海外华文文学"是指海外华文作家用汉文创作的文学作品,因此,使用"海外华文文学"的称谓和概念是可以的,且不改变其含义。关于为何要使用"海外",是因为这些文学作品是用华文在中国之外的其他地方创作的。如果从全球视野来看,毫无疑问,中国文学属于"全球华文文学"的范畴。然而,从科学研究的角度来看,确定"海外华文文学"的概念、范畴和界定标准也是非常有必要的。

该如何界定"海外华文文学"的范畴?它基于哪些标准或依据?目前有两种不同的看法:一种认为海外华文文学应该被归类为那些使用华文描绘各国人民

社会生活和心理状态的文学作品；另一种观点认为，海外华文文学应该根据作品的主题来分类。只要作品描述了海外各国人民的生活和精神状态，作者是华人作家，不论是使用华文还是其他语言创作，都属于海外华文文学。许多在国内从事华文文学研究的人以及相当数量的国外华文作家都赞同第一种观点。一些海外华文作家认同后一种观点。据菲律宾华文女作家林婷婷所述，英籍华人女作家韩素音和美籍华人教授刘绍铭是赞同后一种观点的。在一个文化多元的国家中，文学的国别并不是由文字而是由内容来决定的。刘绍铭的观点是，用英文写成的华美文学只要主题是华美生活和华美心态，它就应该被看作中国文学的一个分支。[①]林婷婷赞同这个标准，认为只要作品是与菲律宾华人有关的，不论是用英文还是中文表达的，都可以被归类为菲华文学（菲律宾华文文学的简称）。[②] 按照内容而非语言来划分华文文学可能会带来一些困惑，如果某部文学作品用华文来描写英国华人华侨的社会生活和精神世界，但作者不是英国本土作家，那么这部作品该被划入哪个国家的文学范畴呢？因此，我们就看某部作品是用哪种文字进行写作的，用文字的"国籍"来划分作品的国别。如果按照作品中描写的内容为划分依据，那么这种用各种语言写华人华侨生活的作品被称为"华人文学"，其实是按"人"的国籍来划分的。"华人文学"的定义可以被划分为广义和狭义，广义的"华人文学"指的是使用汉字或华语写作的文学作品，不论作者的国籍和居住地；而狭义的"华人文学"则仅指由华人华侨作家用华文以外的文字撰写的文学作品。

（二）海外华文文学的特征

海外华文文学具有三个方面的特征。

海外华文文学最显著的特征是鲜明独特的本土性。这里所说的"本土性"并非中国的本土性，而是指不同海外华文文学作品所表现出的独特的本土特征，也可以说是海外华文文学的"国籍"。在海外华文文学中，本土性是一个极为重要的问题。作家们一直非常关注并对此进行了多次讨论和辩论。

海外华文文学的另一个重要特点是多样性，其涵盖了华洋文化及东西方文化。这种多样性从两个角度体现，首先是指所涉及的作家阵容具有多样性。这些参与

[①] 刘绍铭. 文字岂是东西 [M]. 沈阳：辽宁教育出版社，1999.
[②] 赖伯疆. 海外华文作家创作心态管窥 [J]. 广东社会科学，1998（2）：104-109.

海外华文文学创作活动的作家来自不同国家，包括华侨、华人以及外籍人士。他们受到多种文化教育的熏陶，有些接受的是东方文化教育，有些接受的则是西方文化教育，还有一些接受的是融合了东西方文化元素的教育。他们从事的职业领域极其广泛，拥有多种不同的社会地位，他们的足迹几乎遍及全球。由于作家本人的生活经历具有多样性，他们的文学作品也必然会呈现出不同的思想和情感特点。其次是创作作品的主题和题材、艺术风格多种多样。因为作家具有丰富多彩的特质，所以他们的著作在选材和思想上也会多姿多彩、各种各样。

海外华文文学无论在世界何处都有传播，所以，广泛性也是其特征之一。相比中国文学和其他许多外国语种文学，海外华文文学的传播范围更加广泛。首先是因为海外华文作家遍布世界各大洲，几乎凡有海水流及处，都有华人华侨的分布，因此也就有华文作家的存在。生活带来的丰富经历让他们眼界开阔，拥有全球意识和心态。在创作时，他们选择的题材和主题非常广泛，能够与世界上其他国家的人们建立共鸣。这也使他们的作品更容易被各国读者所理解和接受。其次是海外华文作家因参加公务、商业、学术、探亲、旅游等活动而频繁地出国。他们在海外与同行和非同行进行更多的与文学作品相关的交流，因此海外华文文学的传播范围也更广。此外，交通、通信和现代传播媒介的快速发展也有助于海外华文文学在全球范围内广泛传播。海外华文文学具备三个基本特点，即本土性、多样性和广泛性，这些特点相互交织并存在着内在的紧密联系。

二、海外华文文学的发展轨迹

若想探究海外华文文学的发展轨迹，先要熟悉我国海外移民的历史发展情况。中国是海外移民数量最多的国家之一。在第二次世界大战之前，海外华人华侨的数量约为 850 万人，而 2021 年该人群已经增加到 6000 多万人。这庞大的移民网的形成经历了漫长的历史进程，其成因极为复杂。尽管我国人民早在古代就开始移居海外，但大规模的移民现象始于唐朝。875 年，唐末黄巢农民起义发生时，广东地区的一些人选择了前往苏门答腊寻求生计，这便是我们国家的第一批华侨。到现在我国的海外移民已经持续了 1000 多年。

中国人移居海外的重要原因是外贸的快速发展和参加海外经商活动的意愿。外国商船很早就开始来我国的沿海省份进行贸易，特别是广东和福建，这两个省份是最早有外国商人前来贸易和经商的地区。明朝时期，郑和作为著名的航海家，曾七次率领船队远渡重洋，开辟了我国与外国通商的道路。后来，我国商人经常将一些土特产，如丝绸、瓷器、茶叶、铁器、铜钱和古玩等运往东南亚各国进行贸易。这些特产受到当地人民的欢迎，商人因此获得了巨额利润。由于赚取的利益巨大，一些商人选择留在当地并与当地居民通婚。

外国发现金矿吸引了大量劳动力前去开采，同时也导致了众多人民向海外移民。美国旧金山和澳大利亚新金山（今墨尔本）先后发现了大型金矿，需要大量劳动力来开采。

世界各地都有华人华侨的分布，他们为居住国带去了大量的劳动力和技术层面的经验。随着移民的漂泊，中国文化也随之在世界各地传播，中外文化在这样的传播过程中进行了交流与沟通，各国的华文文学也在这个过程中逐渐形成，并具有各自的发展特点。

在海外华文文学中，亚洲尤其是东南亚的华文文学占据着重要的地位，其发展潜力深厚，是海外华文文学的重要中心。美洲华文文学是最新兴起的海外华文文学，充满了发展活力。随着时间的推移，美洲华文文学将会大有作为，取得巨大进展。海外华文文学中，欧洲、大洋洲、非洲的华文文学都处于发展中的阶段，而它们之间的发展水平也存在一定的差异。由于历史原因，世界各大洲的华文文学发展存在不均衡现象，这种状态未来仍将持续相当长的时间。

尽管中国人移居世界各大洲的情况和原因大体相同，但是，受到华人华侨在各大洲的数量及历史长短、各大洲国家与中国关系的不同等因素的影响，各大洲的华文文学发展轨迹有其独特风格，彼此之间也存在一些差异。

亚洲，主要是东南亚地区的华文文学，经历了三个主要发展阶段，分别是华侨文学时期、从华侨文学向华文文学过渡时期和华文文学成熟时期。这三个历史阶段相互交织，并非截然不同、分段明显，彼此间存在着共通之处和不同之处。1919—1945年这段时期被一些海外作家称为"中土文学"时期，这个时期是"华侨文学时期"，此时的华文文学作品对世界各地的本土文化产生了十分深刻的影响。许多进行文学创作的作家都以华侨的身份和心理对当地的社会生活进行描写，以华侨的视角、心态对中国或居住国的社会生活进行思考、创作和评价。这样的作品难以摆脱华侨身份和作客思想的束缚。

近年来，海外华文文学开始呈现新的发展态势。由于国际华文文学交流活动越发活跃，有关"华文文学的大同世界"的讨论也逐渐被列入会议议程。这些学术活动的举行将有助于不同大洲之间华文文学的相互促进和提高。

第二节　世界华文文学发展历程简述

一、东亚华文文学

（一）东南亚华文文学

东南亚华文文学包括泰国、新加坡、越南、文莱、缅甸、菲律宾、马来西亚、印度尼西亚和老挝等国家的华文文学作品。

东南亚地区每个国家的华文文学发展情况都有一定的差异。新加坡的华人数量是最多的，相应的华文作家的数量也很多。近年来，新加坡开始推行双语教育方针。这使华文文学不再处于夹缝之中，而逐渐融入国家文学的大家庭。马华文学（马来西亚华文文学的简称）的发展始于1919年。这是受中国新文学的直接影响而产生的。到现在，马华文学已有超过100年的历史。马华文学在内容上反映了南洋社会在不同时期和阶段的现实发展和变化，兼具中华民族的民族特色和南洋本地的乡土色彩。近年来，一些马华作家对小说和诗歌的叙事等发起了革新，也对传统马华文学的现实主义主流发起了挑战。这些都表明马华文学在不断发展和变化。泰华文学（泰国华文文学的简称）的发展过程不是很顺利。20世纪80年代之后，国际形势的变化以及中泰关系的改善和中国的改革开放政策对泰华文学的发展起到了积极作用。当地的华文报纸相继复刊，泰华作家也组建了自己的团体，出版了一批优秀的作品。印度尼西亚（以下简称"印尼"）的华文作家面临着相当困难的局面。众所周知，1965年印尼内部形势急剧变化，华人社区、华文教育机构及华文报纸被取缔，导致印尼华文文学陷入前所未有的困境。然而，尽管面临着种种困难，印尼的华文作家并没有放弃努力。他们在极其艰难的环境中坚持创作，努力争取印尼华文文学的合法地位。1998年，随着中国和印尼关系的正常化以及印尼当局对华人政策的逐渐改善，印尼华文文学活动逐渐复苏。现在，印尼华文文学已经取得了一些重要的进展。例如，1998年，袁霓与其他几位志同道合的作家一起创立了印尼华文写作者协会。此外，近年来，东南亚华文文学现实主义与现代主义开始合流，新生代作家采用历史反思、存在主义、象征主义、女性主义、后现代等多种手法创作了大量反映东南亚地区华人社会经济、政治、文化问题的作品。总的来说，虽然印尼华文作家面临着许多挑战，但他们仍然在努力推动印尼华文文学的发展，并在此过程中取得了一些重要的成就。

如果以第二次世界大战为分界线，观察东南亚华文文学的发展，就可以看到战争前后明显的差异。在战前，大多数定居海外的中国人视南洋为谋生和逃避战乱的避难所。一旦获得财富或战争结束后，他们都希望回到中国。于是华侨作家和华人后裔作家不断涌现，他们在进行文学创作和发表文学作品时都是以海外华人的身份进行的，他们具有浓厚的爱国主义精神，十分关注中国的变化，他们用笔下创作的文学作品来描绘中国社会的现实情况和日常生活，没有太明显的异国色彩。

随后发生的情况与之不同，华文文学出现了"马华化"的现象，同时东南亚华文文学作品的爱国主义内涵也发生了转变。在二战之前，新加坡华文文学所传达的爱国主义情感主要集中于对中国的热爱。后来，新加坡、马来西亚华人与当地居民团结一致，共同抗击外敌侵略，用自己的鲜血和生命守卫家园，做出了卓越的贡献。新加坡华文作家也像其他居住国的民族一样，渴望推翻殖民统治，建立一个自由、民主、独立的国家。在国家从殖民统治中解放出来之后，新加坡华文作家开始转变写作内容，不再呼吁民族解放，而是开始赞美年轻共和国的诞生。这些新加坡华文作家都经历了"从土地认同到国家意识的转化"的过程。

东南亚作家在使用汉语写作时，通常会穿插使用英语词汇和闽粤方言以及当地民族语言，如马来语、泰语等。这些词汇的运用可以增强作品的南洋本土色彩，以满足当地读者的阅读需求。

新加坡拥有两个备受关注的文学团体——一个是规模较大、活跃度较高的"新加坡作家协会"，另一个则由骆明主持，名为"新加坡文艺协会"。此外，还有马来西亚华文作家联合会、泰国华文作家联盟、印度尼西亚华文作家协会（简称印华作协）、文莱华文作家协会、缅甸华文笔会以及亚细安文艺团体。文学类刊物有《蕉风》《泰华文学》《新加坡文艺》《新华文学》《马华文学》等。

东南亚华文文学在中国文化价值观基础上融入了独特的南洋文化,中国文化是东南亚华文文学的基石和华文文学作家的心灵栖息地,东南亚华文文学成为独立于中国文学之外的本土文学,符合国际社会倡导的文化国际化和世界化发展趋势。

(二)东北亚华文文学

东北亚华文文学指的是日本、韩国、蒙古国、朝鲜这些地区的华文文学,这类文学作品的研究常常被忽视或者边缘化。

按照日本作家廖赤阳的观点,孤独漂泊的日华文学(日本华文文学的简称)可以划分为"华侨文学""日华文学""新华侨文学"。[①] 根据华侨文学的发展过程中不同群体和不同背景下的华侨作家对华侨文学的贡献。日本华文文学的显著特点是作家使用双语写作和在作品中对日本文化进行了深入的研究。在这种背景之下,日本的华文文学可以归纳为边缘、多缘和非主流三个传统模式,还有基于中国本土思想的价值判断和道德审判模式以及"私小说"模式。如果将陈舜臣的历史小说看作大传统,那么丘永汉的"金钱文学"就是处于边缘的小传统。

日本华人新移民文学的发展历程可以划分为三个不同的阶段:第一阶段可以追溯至20世纪80年代,当时的作家主要从个人的角度出发,记录和描写自己在留学期间的亲身经历。第二阶段是20世纪90年代,作家致力于记述新移民群体在奋斗中所经历的生存挑战和精神探索。第三阶段是21世纪,这是日本华人新移民文学蓬勃发展的时期,从宏观角度来看,日本的华人新移民文学具有"三性"和"三新"。"三性"即真实性、边缘性和道德性,"三新"即新文学、新视野和新体验。"新"是时间上和空间上的"新",不同于20世纪文学家鲁迅所提出的时间之新,也不同于西方"移民"的空间之新。日本的华文作家经常来往于中国和日本之间,他们的作品同时具有风骨和物哀的特点。

对日本华文作家的研究要从女性视角、留学生视角、身体叙事以及跨文化视角等方面展开。

韩国华文文学是指在韩国长期居住的中国人以及在文化和思想上已被中国人同化的韩国华人使用汉语创作的文学作品。根据梁楠的研究结果,韩国华人以

[①] 廖赤阳. 孤独漂泊的日华文学[M]. 王晓渔, 译. 上海: 上海译文出版社, 2019: 163-171.

1992年为分水岭，分为先迁韩国华人和后迁韩国华人。此外，先迁到韩国然后再移居到其他国家或地区的群体被称为再迁韩国华人。先迁韩国华人、后迁韩国华人、再迁韩国华人创作的华文文学分别被称为先迁韩国华人华文文学、后迁韩国华人华文文学、再迁韩国华人华文文学。① 韩国华文文学的独特之处在于其融合了多种不同的文化元素，展现出多元性。韩国华人创造了一种独特的语言，被称作"韩国华人华语"。在媒体领域，创办于韩国华人之手的有华文报纸《韩中日报》和华文月刊《韩华通讯》。《韩华天地》季刊和《韩华学报》是两本由华文出版社出版的杂志，分别呈现了不同的内容和风格。在华文单行本出版物中，可以找到秦裕光先生的著作《旅韩六十年见闻录——探寻韩国华侨史》以及杜书溥编写的《仁川华侨教育百年史》。韩国华人在美国创办了几本用中文出版的杂志，其中包括《韩华世界》和《美国齐鲁韩华杂志》(2009 年以前称为《北美齐鲁韩华通讯》)。崔仁茂编写的《韩华在经历苦难后再度崛起》出版了单行本，在"美国南加州韩国华人联谊会"网站的"韩国华人文艺"专栏可以看到相关内容。初安民和郝明义是两位韩国华人，在迁居中国台湾后进行了文学创作。初安民发表过《愁心先醉》和《往南方的路》两部诗集，而郝明义则出版了散文集《故事》。李文的长篇小说《蒲公英：文麒留韩记》② 记录了后迁韩国华人在文学创作方面的成果。

  1964 年，先迁韩国华人柳耀广创办了《韩华春秋》这本华文杂志，该刊的问世标志着韩国华人文学创作的正式开始。韩国华人运用华文文学描绘自身的人生经历，表达对社会不公现象的不满，审视社会的弊端，重新思考身份认同，探索改善生活的出路。《韩华春秋》杂志的文艺版块涵盖了散文、诗歌、小说等多种文学形式，形成了一种多元化的文化氛围。《韩中文化》是 1974 年创办于首尔的一份华文月刊。它是韩国华人华侨发行时间最长的杂志，为他们的长期写作提供了一个有利的平台。1990 年 5 月，先迁韩国华人创立了《韩华》月刊，这本杂志连续发行了 9 期，在 1991 年 2 月停刊，从 2011 年开始，每两年推出一期，发行了三期后又停刊了。

  根据梁楠的观点，韩国华人的散文作品可以归为四类，包括杂文、哲学性质的散文、游记和随笔。③ 大体上来看，韩国华人散文创作呈现出独特的发展轨迹。

---

① 梁楠. 韩国华文文学概览[J]. 世界华文文学论坛，2018（4）：38-46.
② 李文是后迁韩国华人，文麒是他的笔名。
③ 同①.

在20世纪60年代，杂文成为主要的创作方式，采用讽刺幽默或者讥讽的手法揭示社会上的痛点，试图开出真正的"药方"来"治愈"这些问题。在20世纪70到90年代之间，韩国华人散文的风格逐渐从幽默或者讽刺转化为通过暗示和启示来探究人生哲理，如柳耀广的《我和我的祖国》、李瑞山的《我心飞翔》等。

韩国华人创作了188首华文诗歌作品。其中65首由先迁韩国华人所撰写，作品的创作时间主要分布在20世纪60年代至90年代。再迁韩国华人初安民和郝明义于20世纪80年代和21世纪初出版的诗集中共包含123首诗歌。就诗歌类型而言，主要可以划分为4种：抒情诗、叙事诗、拟古派诗以及现代派诗。韩国华人小说作品总共有4篇，其中包括先迁韩国华人的3篇短篇小说：张岚的《别有一番滋味》、长峰的《烟台风云》以及夏侯辰的《外人部队》，它们都是在20世纪60年代出版的，这3篇小说的写作目的与作者的先迁韩国华人身份密不可分，反映了韩国华文文学自身所具有的独特性。2010年以后，出现了一部由后迁韩国华人李文所撰写的长篇小说，名为《蒲公英：文麒留韩记》，这部小说刻画了一批具有新型跨国移居者特点的人物形象。

最开始的韩国华文文学使用韩国语创作，再翻译为汉语。许世旭是韩国华文诗人的代表人物，他的诗歌作品充满活力和生命力，蕴含着中国传统文化的风格特点，在诗歌领域影响广泛。朴宰雨是在中韩两国之间扮演文化交流大使角色的学者，在中韩两国还没有建交时，他就将毛泽东《在延安文艺座谈会上的讲话》进行了翻译，他还创建了"国际鲁迅研究会"，并担任该组织的会长，促进了两国之间的文化联系与沟通，对韩国华文文学的发展做出了重要贡献。

东北亚华文文学是世界华文文学不可忽视的组成部分，其潜力和价值有待进一步发掘。可以使用"融合"和"包容"来描述东北亚华文文学面临的时代主题。这些主题涵盖多元文化的互相融合与包容以及本土和外来作家重新反思生命体验等方面。

就目前的发展情形来看，日本和韩国的华文作家十分注重对文化、民族和性别问题的探讨和思考，东北亚华文文学生态呈现出一种欣欣向荣的发展态势，作家、学者和文化界人士的创作都表现出无穷的潜力，他们正联手迎接东北亚华文文学的重大转折，致力于文学创作和文学研究的可持续发展。

二、北美华文文学

北美华文文学的"北美"是指包括美国和加拿大两个国家在内的北美大陆。很早之前就有许多华人移居北美，同时也有中国学者到哈佛大学任教。首位在北美高等学府教书的戈鲲化创作了许多旧体诗词。严格来说，此时的华文文学作品的数量很少，但口头流传的华文文学却相当丰富。

为保障华人权益设立的法律为美国的华文文学提供了良好的发展环境。黄运基是20世纪40年代后期从中国广东移民美国的华人作家，他创作的一系列长篇小说被称作"异乡三部曲"，展现了华人在异国他乡坚韧不拔的精神和追求独立自主的决心。在这期间还成立了"美洲侨青文艺社"，创办了《新苗》月刊，当地的华文报刊也经常发表华人的中文作品。

20世纪五六十年代，大量台湾学生赴国外留学，还有一批华人拥入西方国家。这种情形让留学生面临着不同文化之间产生的碰撞和冲击，"留学生文学"在此时产生，同时也形成了三个主要的作家群体。首先就是由来自台湾和香港前往美国留学的学生组成的群体，他们接受过良好的教育，对中国文化了解很深，此外还能够用双语沟通、写作，因而他们是北美华文文学的主要力量。其次是以林语堂和林太乙父女为主的《天风》月刊作者群。最后是包括胡适、唐德刚、周策纵、卢飞白在内的《白马文艺》作者群。在这期间出现了许多优秀的华文文学作家，新生代作家也不断涌现，北美华文文学得到快速发展，出现了许多优秀的华文作品。

若以时间为序，20世纪五六十年代的移民作家大多来自台湾，而20世纪80年代之后的新移民作家很多都来自大陆，包括但不限于严歌苓、曹桂林、张翎、查建英、施雨、苏炜、李彦、刘荒田、陈瑞琳、吕红。虽然他们的作品在整体上与郑愁予、白先勇、於梨华等人的影响力存在差距，但他们的创作活力十足，有着后来居上的趋势。

苏炜曾是知识青年文学大军中备受推崇的作家。他在国内写了很多以农村生活为主题的作品，后来出版了长篇小说《迷谷》《米调》《渡口，又一个早晨》。除了担任美国耶鲁大学东亚系中文部的负责人，苏炜还是一位文学批评家。他出版了《天涯晚笛：听张充和讲故事》《走进耶鲁》等作品。他还创作了许多旧体诗，曾经出版过《衮雪庐诗稿》。

周励于20世纪50年代初在上海出生，她在1992年发表了自传式小说《曼哈顿的中国女人》，这本书描述了一个时代并且对一代人产生了深远的影响，是留学生文学的典范之作。除此之外，她还创作了《曼哈顿情商》以及一系列探险纪实和文化散文，这些作品被归为"非虚构"写作。这些作品彰显出作者的双重文化身份对她的创作和生活产生的深远影响，并且融合了她对历史和现实独特的观点。

查建英出生于北京，在中国长大后，前往美国南卡罗来纳大学和哥伦比亚大学接受教育。毕业后，她返回中国。她已出版多部作品，有非小说类作品《中国流行文化》，这本书被美国《乡村之声文学副刊》（*Village Voice Literary Supplement*）杂志评为1995年最佳的25本书之一，还出版有杂文集《说东道西》以及小说集《丛林下的冰河》。在北京出版的《80年代》一书中，她描绘了20世纪80年代这个现代中国历史上一个引人入胜的时期，采访了11位20世纪80年代文化热中备受瞩目的代表性人物。随着时间的推移，人们渐渐忘记了当年发生的一切。为了不被遗忘，挥别过去，展望未来，查建英创作了这本极具价值的书籍。

刘荒田于1948年生于广东台山，于1980年迁居旧金山，退休后每年有一半时间居住在佛山，他一直身怀中国知识分子的传统抱负，用中文书写、表达他作为一名时代见证者对祖国的关注与忧虑。他借助自己独特的小品文风格表达宽广的胸怀，他所创作的文字源于日常生活琐事，涵盖了大众的情感体验。他的作品描绘了人们内心深处的世界，述说了普通人的心灵世界。如果将刘荒田比作一棵树，那么树上每一片独特而美丽的叶子就是他笔下短小精悍的小品文，蕴含着丰富多彩的人事、物情和情感。尽管它们微小细腻，却涵盖着无限的世界与人生哲理，隽永凝练且内容丰盈。

1991年5月4日，在纽约成立的北美洲华文作家协会是一个十分重要的组织。它是"世界华文作家协会"七大洲分会之一，最初成员以在纽约、新泽西及华府活跃的作家为主，首任会长为陈裕清，第二任会长为马克任。其中，王鼎钧、潘人木、夏志清、刘墉等著名作家都是该会的会员。该组织在美国和加拿大拥有25个分支机构和超过1500名成员。第三届和第四届的会长是赵俊迈，第五届会长是吴宗锦，第六届会长是吕红。

在第二次世界大战之后，加拿大政府对华政策有所调整，华人还享有选举权。越来越多的华人移民拥入加拿大，华文教育得到了迅猛发展，加拿大的华文文学也应运而生。此时存在许多华文报纸、杂志、组织和华文出版社。

加拿大的华文文学团体不会受到政府官方的过多干预，具有民间性和松散性，其中一个具有很大影响力的文学组织是1987年在温哥华成立的"加拿大华裔写作人协会"，它在20世纪90年代改名为"加拿大华裔作家协会"。卢因、梁丽芳、陈浩泉和刘慧琴等人曾担任这个协会的会长。该协会为加拿大华文文学作家提供了创作和研究的平台，促进了加拿大华文文学与世界上其他华文文学之间的交流与沟通。

梁丽芳的学术生涯最初聚焦于古典文学研究，她著有《柳永及其词之研究》。后来，她用英语写作了《中国当代小说家：生平、作品、评价》一书，通过这本书向全世界介绍了80位中国当代作家的成就，以帮助更多的读者系统地认识这些作者，从而深入了解中国文学在当时的发展状况和创作成果。[1]

美国和加拿大的华文文学作家在进行创作时注重对文化、民族和性别问题的思考和探索，在民族文化认同方面发挥了积极的作用，促进了中西方文化的交流和沟通。他们在进行创作时将异国文学的元素和创作内容与"中国叙事"相融合，构建起华人叙事的全球化视野。

北美华文作家普遍认识到新移民作家所面临的困境。他们一致认为，在文学创作方面，要超越以往的创作主题限制；在文化交流方面，应该积极与国内外主流文化进行沟通和交流；在创作过程中，需要逐渐解决"既不属于原乡又不属于异乡"的心理矛盾问题，从那种模糊不清的状态中走出来，只有这样才能朝着融合的方向不断前行。

三、欧洲华文文学

自20世纪80年代起，全球范围内出现了前所未有的华文文化凝聚现象，华文报刊遍布世界各地。以中文创作并与外来文化融合的文学作品，通过多元的传播渠道在汉语领域广泛传播，形成了华文文学的一个支脉。迄今为止，华文文学

---

[1] 梁丽芳，马佳. 中外文学交流史（中国—加拿大卷）[M]. 济南：山东教育出版社，2014.

已逐渐发展为世界性的文学。欧洲的华文文学为多元文化的比较提供了丰富的素材。

19世纪后半期，中国的学子纷纷拥向欧洲留学。20世纪30年代，老舍、戴望舒、林徽因、艾青、季羡林、郑振铎、徐志摩、巴金、朱自清、宗白华等青年才俊纷纷前往欧洲深造或工作谋生。尽管他们的作品中包含对异国生活的描绘，但这段时期只能形容为欧洲华文文学的"史前期"。

二战结束前的欧洲有接近200万的东方移民，但他们中大多数并非知识分子，在创作领域从事创作的作家更是相对较少。在二战结束之后，中国文人又开始前往欧洲，这一曾经中断多年的现象得以重新出现。程抱一、熊式一、熊秉明是这一时期具有重要影响力的旅欧作家。1949年之后，还有一些作家为了谋生去往欧洲。他们中的一些人是从台湾出发，如赵淑侠、吕大明、郑宝娟。随着20世纪60年代台湾留洋热的兴起，越来越多的中国人选择前往欧洲留学。从20世纪80年代开始，随着越来越多的人前往欧洲留学以及华人移居到德语区，德国出现了越来越多使用华文创作的作家。相较于过去，这时的欧洲华文作家在教育、文化和文学修养等方面有了很大的提高，而且许多人都能使用双语进行创作，这与东南亚等地区的华文文学创作存在着明显的差异。然而，华文文学的发展程度在欧洲不同国家也存在差异。在当今欧洲华文文学中，无论是从作品的数量上还是质量上，法国和德国（包括瑞士、奥地利、比利时等法语和德语区域）都是两个重要的中心。

20世纪80年代以后，越来越多的中国作家前往欧洲。其中，高行健、虹影、赵毅衡、北岛等人就是这个时期的代表。在此时期，华文作家遍布欧洲的19个国家，也出现了大量的华文报刊，这与以往的情况形成了鲜明对比。到了今天，欧洲的华文报刊已经增加到了近100种。其中，《星岛日报》欧洲版、《文汇报》欧洲版以及在巴黎出版的《欧洲时报》《欧洲日报》这四大报是传播最为广泛的。这些华文媒体都非常注重刊登华文作品。由华人社团创建的《德国侨报》以及奥地利的《欧华》、荷兰出版的《华侨通讯》、匈牙利的《欧洲之声》、西班牙的《欧洲华声报》，均刊登过华文作品。20世纪90年代开始涌现华文电子期刊，如荷兰的《郁金香》、丹麦的《美人鱼》和瑞典的《北极光》。尽管读者不多，且空间有限，但对欧洲华文文学的发展发挥了推动作用。

欧洲华文文学的主题可以概括为"离散"一词，欧洲华文作家在进行创作时总是不可避免地会受到中国文化的影响，虽然他们生活在欧洲并受到欧洲文化的影响，但他们的文化背景始终是中国的文化背景。在这种情况下，他们的作品往往与中国本土作家的作品不同，同时也与欧洲本土作家的作品不同，他们的作品中充满文化的碰撞，具有"文化中和"的特点，将中国文化和西方文化奇妙地融合在一起的文学让两种文化互相包容、互相理解，从而产生新的文化精神。定居在欧洲的华文作家正是从这种新的精神中获取写作的启示和素材的。离散写作的特性使欧洲华文作家注定无法局限在一个地区，因此流动性大是其重要的特点。当然，有些人像程抱一、高行健等在他国定居并渐渐融入当地文化，不再具有漂泊的特征。但也有像刘索拉、赵淑侠等人一样先来到欧洲，之后再前往美国。那些在欧洲、中国之间频繁往返的人有熊式一、虹影和赵毅衡，赵毅衡后来决定回归故乡，在四川定居。也有像候鸟一样穿梭在欧洲各地的作家。这种流动性让他们拓宽了视野，涉猎了多种主题，并掌握了多种语言表达方式。

无论欧洲华文作家身在何处，是回归祖国还是在异地扎根，他们对中华文化的热情不会因此而削弱。赵淑侠曾在北欧的瑞士谋生，但她的角色在不断变换，她先是在中国大陆生活，随后前往台湾，最后去法国留学。然而，她始终没有忘记自己是中华儿女，《塞纳河畔》就是一部具有强烈爱国情怀的作品。赵淑侠所写的《文学女人的情关》也颇具艺术魅力，一方面强调情感与理性的平衡，另一方面寓意深刻，充满了诗意的美感。由于作者独特的女性观察力和细腻的表达方式，她的散文有一种温暖、亲切的力量。

余心乐是一位来自台湾的作家，擅长写推理小说。他的代表作品包括《生死线上》《异类的接触》《松鹤楼》。他的作品具有严密的逻辑性和独特的破案手段，作品中埋下了许多悬念和伏笔，使故事充满智慧与力量的对抗，具有很大的吸引力。

章平是一位长篇小说家，现居比利时。他已出版多本小说，包括《子影游魂》《女阴石》《水晶帝国魔灵石》《桃源》《红衣小矮人与楼兰》，此外还著有诗集。

郑宝娟毕业后漂泊到德国，出版了多部小说，包括《望乡》《绿色的心》《裸夜》等长篇小说，以及《短命桃花》《边缘心情》等短篇小说集。她的作品主要探讨了中西文化之间观念上的错位矛盾和冲突。

欧洲的华文文学作家每隔两三年会在欧洲各大城市举办年会，在这期间出版过《欧洲华人作家文选》等会员文集、微型小说专辑、人文旅游专辑和儿童教育专辑，在庆祝欧洲华文文学协会成立20周年之际还出版了周年专辑。在这些年会上，欧洲的华文文学作家互相交流经验和看法，使华文作家之间实现了有效的沟通与交流，促进了欧洲华文文学的发展。

综上所述，欧洲华文文学在叙事方面不仅拓展了华人故事的主题和范围，更深入探讨了社会和人生问题，呈现出多层次的思考和表达。欧洲华文文学家深入研究移民、战争、灾难、人性、灵性、时间和空间等话题，无论是小说还是散文，都进行了具有深度的探讨。

第三节　华文文学的跨语境传播

跨语境传播不仅是一种对话融合的文学交融机制，还是文学创作过程中创造差异和歧义的过程。在对20世纪80年代以来的华文文学跨语境传播的流变趋势以及构建跨域文学景观进行梳理时，我们发现必须重新审视华文文学体系的构造规则，以便更深入地厘清流变趋势和跨域文学景观的知识逻辑。因此，我们需要关注华文文学生态问题，特别是区域华文文学之间的共生互动关系。在理想的文学环境中，各种文学形态应该能够和谐共存并共同进步，但是，在过去很长一段时间里，华文文学的生态结构被固化为中心和周边的分层结构，其中中国文学被视为中心，而东南亚、北美等地的文学则被不断地边缘化。华文文学生态是在特殊的历史背景和现实环境下形成的，而这种生态也正在改变。跨区域传播与交流在推动华文文学生态调整方面发挥了重要作用。

一、华文文学传播策略比较

随着华文文学跨语境传播的趋势日益明显，有关华文文学的"世界性"理念逐渐凸显。不同区域、不同位置的传播者都应该有一种共同的理念，那就是让文学作品走出本土、走向世界，在全世界范围内产生影响。

自20世纪80年代以来，随着人们逐渐放弃"冷战"思维，交流和对话成为主旋律。这个趋势也在世界范围内推动了文学和文化交流的发展。在这样的大环境下，来自中国、新加坡、马来西亚等地的文学期刊也开始打破种种限制，拓展视角，将注意力转向本土以外的文化领域，为华文文学描绘出一张丰富多彩的全球地图，华文文学也得以在不同的地域语境中充分呈现。在这里，期刊具有"世界性"，意味着期刊作为一个交流平台具有开放性和包容性。这种开放性和包容性在期刊的总体理念和风格品位方面得以体现，同时也会体现在作品的选择和刊载形式等具体细节上。因此，应视期刊为集合着人文氛围的物我融合体，其已不再是纯粹的客体。每一份期刊在吐纳共通的时代气息之时，都深受当地人文环境的影响，努力展现着自身的个性和文化特色。尽管世界性视野已成为20世纪80年代以来各地华文期刊的共同理念，但其实施策略和程度却因受到多种因素的制约和影响而有所差异。

在新加坡、马来西亚，有一本期刊名叫《蕉风》，它历史悠久、影响广泛，而且十分重视世界性。1955年，新加坡友联出版社创立了《蕉风》半月刊，创办人之一是香港高原出版社的社长。创刊初期的编辑主要来自香港，包括方天、姚拓、彭子敏、黄思骋和黄崖等人。可以说，《蕉风》是马来西亚化的中国香港式期刊，从一开始就具有超越本土、放眼世界的世界性视野。然而，马来西亚华裔作为少数群体的特殊处境一直对《蕉风》在全球范围内的传播方式和速度产生影响，主要表现为对本土性的担忧和困惑。

早期《蕉风》特别强调"纯马来西亚化"，本土的椰风蕉雨特质也是"蕉风"之名的由来。在马来西亚独立前后，华人华侨为了在这里生存下去就必须在原国籍和居住国国籍之间选择一个，只有做出文化选择才能在当地获得文化身份的认同和合法性。在这种情形下，《蕉风》的本土化定位具有一定的积极意义。几年过后，《蕉风》认识到，仅仅就题材进行本土化是远远不够的，还要提高收录作品的艺术水准，这时就要采取"引进来"的手段，提升本土华文文学的创作水平。20世纪50年代末移入吉隆坡后，该刊物的重要特色就是对中国现代文学以及西方现当代文学始终十分关注并不断宣扬。20世纪70年代末至80年代，随着中国、马来西亚建交后两国文化交流的增进，中国文坛逐渐进入该刊物的视野中。

自20世纪80年代起，《蕉风》在形式和内容方面发生了很多变化，这些变化都表明《蕉风》具有世界性立场。就版式文字而言，《蕉风》初期受到中国香港文学的影响而采用竖排排版和繁体字。然而，自 1982 年 6 月起，《蕉风》开始主要采用横排排版，并逐渐完全过渡到横排排版以适应国际通行的阅读习惯。从内容方面看，区域华文文学在期刊中的构成和地位发生了重大变化。一些刊物对中国文坛新人如贾平凹、顾城等的及时引荐展现出对中国文学改变的敏锐感知。值得注意的是，《蕉风》并没有直接反映 20 世纪 80 年代马来西亚政治动荡的局势，而是坚持多元文学传播的理念。

自 20 世纪 90 年代以来，《蕉风》逐渐加强了与世界华文文学界的联系，不仅关注中国和新加坡、印度尼西亚等地的华文文学作品，还积极推广欧美地区的华文文学作品。首先，中国的影响力逐渐上升。从小黑、朵拉一直到后来的林春美等，历任主编都积极参与中国组织的文学活动，并在各种研讨会上积极地参与发言。此外，除了转载中国文学作品之外，还特别邀请王安忆、莫言等作家前来新加坡和马来西亚互动交流。其次，随着本土留学群体的增加，推广欧美地区的华文文学成为一个显著的特点。这些作品通常被称为留学生文学或海外华文文学，与本土文学有所不同，但并无先后之分。

尽管《蕉风》在 20 世纪 90 年代采取了开放的思路，但其中的本土诉求仍然十分强烈。《蕉风》在世界华文文坛上的突出表现也反映了马来西亚华文文学的挣扎。面对被排斥在国家文学之外的情况，他们不得不寻求新的出路，而融入世界华文文坛则为他们提供了另一种可能性。20 世纪 90 年代，《蕉风》表现出更积极的交流意识，并逐渐实现了从单向的"引进来"到双向的"出入"的传播思路。这种转变有助于马华文学扩大影响，走向世界。为了让马来西亚华人文学在与其他地区的华文文学竞争中占据优势，刊物应该保持对文学作品质量的高要求。但是，当《蕉风》杂志中的海外作品质量和数量都超过本土作者的作品时，编者开始对这种海外色彩过于浓烈的现象感到焦虑和惶恐，因此，他们呼吁本土作者积极投稿，以保持刊物的本土特色。可见《蕉风》对海外和本土华文作品的看法与中国的文学期刊形成了强烈的对比。

二、跨语境传播视野下的华文文学国际学术会议

国际学术会议对于华文文学的跨语境传播来说至关重要。相较于文学期刊等实物媒介，国际学术会议更注重人员组织，会聚来自各国的作家、评论家和传媒

人士等，突破语言、文化和生活背景的限制，以短时间内的交流来提升华文文学创作与研究的水平，推动华文文学的进一步发展。随着国际学术会议逐渐地组织化、制度化和系统化，它已经深深地融入华文文学生态系统的运作和整合流程，扮演着不可忽视的角色，对于华文文学的发展产生了重要的影响。

（一）华文文学版图的刻画

学术会议通常采用组织传播的方式进行宣传和推广，因此，组织学术会议的过程本身就是学术传播过程的一部分。组织传播就像绘制地图一样，它不仅是对社会过程的简单呈现，还是通过超越现实进行想象性建构的方式来实现的。国际华文文学学术会议的推广过程反映了地图绘制的特性。会议的目的不仅是展示华文文学创作和研究的现状，还致力于修正和扩展现实。因此，会议的实施过程不仅重现了华文文学现实版图，还成为华文世界重新组织彼此关系和构建华文文学共同意识的过程。

当前对于国际华文文学学术会议的整体研究思路是整理会议综述、论文集等资料，将学术会议看作历史变迁的载体，通过呈现出的文学发展史和学术发展史的线索在不断变迁的历史进程中看清文学创作和研究的趋势，再在此基础上开展更为深入的研究。华文文学的创作和研究范畴正在逐步冲出中国文学的范畴，在中国文学的基础上向世界上其他国家的华文文学领域延伸，实现文学的世界性，华文文学领域中的"中心—边缘"结构也因此更加明显了。

学术会议对文学现实并不是被动地复制，而是主动地参与和引领其进步的一种力量。在传播媒介方面，学术会议的建设意识和效果是通过多样化的选择机制实现的。这种选择机制不仅反映在会议议题的确定、参会人员的限制、会议信息的宣传以及会议现场的安排和组织等显性环节，也在住宿、餐饮、出行、旅游等隐性环节有所体现。

学术会议常以求真、求知为核心原则，在保持现有知识的基础之上，通过微调机制的不断完善、研究领域和探索方法的不断更新，使原有研究未涉及的领域和空白逐渐被填补。换一种表达方式就是，举办跨国界的学术会议或以边缘地带的华文文学为主题的会议，都是以该地为中心重新规划华文文学地图的行为，如此可以丰富和修改地图的局部区域。

（二）华文文学主体的沟通和矛盾

举办方、参与者的选择和组成是评估学术会议实际效果的关键指标，因为人才是学术会议的核心。要全面地研究学术会议的影响，单纯研究个体的作用是不够的。我们需要从举办方和参与者的特点入手，以了解其综合效应。首先，举办方扮演着至关重要的角色。会议的成功与否取决于邀请哪些人参与、安排哪些议题、如何开展学术讨论、如何呈现会议总结以及会后是否形成对学术的持续推动力和影响力等，所有这些都与举办方的性质和行为密不可分。其次，衡量一个学术会议的成效与价值的主要指标是参与者的构成情况以及他们对会议的参与度和贡献率。具体来说就是，学术会议的价值高低主要由学术论文的数量和质量以及现场的学术演讲和讨论决定。参与者的构成和参与态度与这两个指标有着紧密的联系。华文文学国际学术会议从举办和参与者层面来看，呈现出多元的、复杂的构成主体，无论是举办方还是参与者，在数量上都不是单一的，结构上都具有复杂性。

在华文文学在各地区逐渐发展壮大的背景下，各区域的华文作家协会也在更加频繁地召开学术研讨会。具体数据显示，20世纪80年代仅参与组织了2次研讨会，在2011—2017年期间，参与办会的次数已经达到了20次。[①] 华文文学创作界与研究、传播、政治及其他社会因素之间的良性互动关系正在促进各区域华文作家协会之间日益频繁的联络与合作。这也反映出华文文学正在逐渐超越本土限制，朝向国际发展。

政府在华文文学国际学术会议中扮演着非常重要的角色。他们为会议提供物化环境，为学术研讨提供政策支持。进入21世纪后，出现了一个新的发展趋势，有关华文文学的国际学术会议逐渐与由政府主导或参与的大型文化交流活动相结合，这些活动的主题涵盖文化旅游、经济发展、文艺创作等方面。在这些活动中，一些本来处于不佳处境的区域华文文学反而成为政府行为的受益者。

在华文文学国际学术会议中，企业和其他社会力量大多只提供经济支持，企业和其他社会力量的领导者对文学感兴趣或与会议组织者有私人联系时才可能

[①] 钟翠苗，王铭东.国际视野·中国声音·福建书写：闽籍作家与世界华文文学国际学术研讨会会议综述[J].闽台文化研究，2021（2）：116-120.

参加会议。有时一些企业家的经济支持能够为华文文学的创作者和研究者提供良好的研讨环境，从而实现华文文学多元主体之间的交流，促进了华文文学的发展。

第四节　华文文学与文化认同

一、移民对于本民族文化的认同

在现实生活中，移民通常希望自己可以融入所生活的国家，迁入国也希望能够同化这些移民，让其自发融入国家的机体。然而，这种"融合"和"同化"往往都是不可能完全实现的，在现实的环境和时空下，总会出现"理想"和"现实"的差距，这种差距有时甚至是先天的、难以改变的。在一个多民族的移民国家中，在同一个空间中，存在着一条看不见的文化边界，将其分割成很多个族群，这些族群中一部分人既不再属于遥远的故土，也难以真正融入现在生存的环境。但是，当情况允许时，被压制的民族意识又会打破缄默，重新发声，就好像在茫茫荒漠中总有一股暗流在不断地涌动。

移民为了在异乡克服内心的陌生感和孤独感，始终坚持着对本民族文化的认同，这其实是一种为了生存的挣扎和意志的体现。本民族文化能够引发移民的内心归属感，凝聚力量，其也是对文化理想的一种诉求。

海外华人对于民族文化的认同不只是对本民族文化的认同，也不是将民族文化看作静态的、固定不变的，事实上，民族文化处于一刻不停的动态变化之中。移民到了国外，首先需要考虑的就是如何生存的问题，他们需要弄清楚居住国的生存法则，从而维系自己的生活。其次，他们才能在本民族文化的基础上将居住国的文化与原民族的文化相融合。第一个问题是生存问题，不解决就根本无法在居住国生存。第二个问题是文化问题，不解决就会导致原民族文化的消失。但也存在完美解决这两个问题的方法。除了先天的血脉因素外，在海外华人与民族文化的关系之中起着更重要作用的因素是生存的策略。部分研究者与其只关注海外华人的文化保留情况，还不如探索如何使用本民族的文化智慧去应对在异乡生存过程中遇到的各种困难和挑战，并在这个过程中形成基于移民生活经验的"华人文化",但是这种"华人文化"与中国传统文化并不等同。

海外华人在面对边缘化问题时可能对文化认同问题有着更深刻的感受,他们可能要从其他角度来寻求自我价值和支撑其生存下去的信念,在这个寻求的过程中,文学无疑发挥了重要作用,无论身处何地,只要看到华文文学作品,就能感受到华人和中国文化的存在,文学成为文化的主要标志和象征。

中文本身所蕴含的文化底蕴与作者运用其表达的认同取向之间的关系是不确定的,二者之间也许是和谐的,也许是对立的。许多海外作家将写作与文化传承画上等号,文学作品中使用的汉语词汇中蕴含着心灵的呼应,丰富多彩的心灵呼应穿梭在主流与非主流、中心与边缘、传统与现代之间,其中蕴含的思想也是各不相同的,具有相同或完全相反的方向。

二、理性化的认同心理

情感型文化认同将"中外"二元结构看作冲突式的,而理智型文化认同则用开放、宽容的立场和对话的方式看待"中外"二元结构。理智型文化认同在主观意识上做到了最大限度上的客观,将中国文化和西方文化放在同样的位置,在比照过程中消除民族主义情绪,选择合乎历史发展趋势和人性要求的因素,造就了两类海外华文文学作品。

第一类是自我反省、自我批判式的。批判式现代中国文学传统是由鲁迅创立的。在适应现代社会的过程中,涌现了许多批判式海外华文文学作品,但这些作品的深度都不及鲁迅的作品。

第二类是寻求沟通式的。这类作品强调人性的真善美,充满着理想主义色彩。这类作品表达的是文化、时代之间的相互沟通,只有这样才能使两种文化相互理解并和谐共存。理智型的文化认同思考的是中国人如何在海外生存的问题、文化传统的完善和改造问题、文化的扬弃问题。

有一些作家对本民族文化的认同完全出于审美层面,他们只是认同中华优秀传统文化的美感,并企图用这种"中国式"的审美体验来同化异质的文化。如叶维廉、杨牧、郑愁予几位诗人就将现实层面的痛苦和迷茫演变为意味深长又隽永美丽的意象,将中华传统文化的深层内涵展现出来,唤醒关于生命和美感的记忆。这种审美型文化认同对于文学创作来说是最有意义的,这种文学作品类型是情感型文化认同和理智型文化认同经过沉淀升华而形成的,其不仅展现并传承了我国优秀传统文化的精髓,也展现了我们内心深处的审美体验。

总的来说,情感型文化认同、理智型文化认同和审美型文化认同虽然有着不同的取向,但从根本上来说都是从中华优秀传统文化出发,都是以一种二元结构来观察自身和他人,用华人的视角来对文化认同进行思考和审视。

参考文献

[1] 德勃雷．海外华人[M]．赵喜鹏，译．北京：新华出版社，1982．

[2] 顾利程．美国汉语教学动态研究[M]．北京：北京语言大学出版社，2019．

[3] 福特纳．国际传播：全球都市的历史、冲突及控制[M]．刘利群，译．北京：华夏出版社，2000．

[4] 奈．软力量：世界政坛成功之道[M]．吴晓辉，钱程，译．北京：东方出版社，2005．

[5] 屠苏．国际传播：延续与变革[M]．董关鹏，译．北京：新华出版社，2004．

[6] 佐藤卓己．现代传媒史[M]．诸葛蔚东，译．北京：北京大学出版社，2004．

[7] 赵淑侠．人的故事[M]．广州：花城出版社，1987．

[8] 池田大作，汤因比．展望21世纪：汤因比与池田大作对话录[M]．荀春生，朱继征，陈国梁，译．北京：国际文化出版公司，1997．

[9] 蔡馥谣．国际传播视角下的"中国梦"德国媒体建构研究[M]．北京：中国戏剧出版社，2019．

[10] 陈勤建，吴勇毅，叶军．中文研究与国际传播（第3辑）：纪念潘文国教授从教47周年特刊[M]．上海：华东师范大学出版社，2015．

[11] 当代中国与世界研究院，法国桥智库．文明交流与互鉴：构建人类命运共同体[M]．北京：朝华出版社，2020．

[12] 范俊军．联合国教科文组织关于保护语言与文化多样性文件汇编[M]．北京：民族出版社，2006．

[13] 胡百精．新时代新闻传播教育[M]．北京：中国人民大学出版社，2020．

[14] 黄万华．百年海外华文文学研究[M]．南昌：百花洲文艺出版社，2022．

[15] 李恺玲，谌宗恕．中国当代文学研究资料丛书：聂华苓研究专集[M]．武汉：湖北教育出版社，1990．

[16] 梁丽芳，马佳．中外文学交流史（中国—加拿大卷）[M]．济南：山东教育出

版社，2014.

[17] 廖志勤.翻译论稿[M].成都：四川大学出版社，2006.

[18] 林婷婷.归雁：东南亚华文女作家选集[M].北京：中国致公出版社，2012.

[19] 刘荒田.刘荒田美国闲话[M].北京：九州出版社，2013.

[20] 刘继南，周积华，段鹏，等.国际传播与国家形象：国际关系的新视角[M].北京：北京广播学院出版社，2002.

[21] 刘宓庆.新编当代翻译理论[M].北京：中译出版社，2019.

[22] 刘绍铭.文字岂是东西[M].沈阳：辽宁教育出版社，1999.

[23] 刘玉屏.汉语国际传播研究（总第12辑）[M].北京：商务印书馆，2021.

[24] 伯特.结构洞：竞争的社会结构[M].任敏，译.上海：上海人民出版社，2017.

[25] 马峰.马来西亚、新加坡、印尼华文女作家小说比较研究[M].上海：上海三联书店，2019.

[26] 马竞松，吴小燕.当代加拿大华裔作家作品赏析[M].桂林：漓江出版社，2017.

[27] 潘文国，陈勤建.中文研究与国际传播（第2辑）[M].上海：华东师范大学出版社，2013.

[28] 饶芃子.比较文学与海外华文文学[M].上海：复旦大学出版社，2011.

[29] 施春宏.国际中文教育理论与实践：汉语教学理论探索[M].北京：商务印书馆，2021.

[30] 程娟，施家炜.汉语国际教育本科专业建设研究[M].北京：北京语言大学出版社，2017.

[31] 王辉.国际中文教育研究（第5辑）[M].北京：社会科学文献出版社，2022.

[32] 吴应辉.汉语国际传播研究（总第11辑）[M].北京：商务印书馆，2019.

[33] 许德宝.美国科技与中文教学2016[M].北京：中国社会科学出版社，2016.

[34] 姚道中.美国中文教学研究[M].北京：华语教学出版社，2016.

[35] 衣永刚，张雪梅.中华文化海外传播的理论研究与实践探索[M].北京：光明日报出版社，2019.

[36] 联合国教科文组织国际教育局.教育展望（142期）[M].华东师范大学，译.上海：上海教育出版社，2009.

[37] 张普，谢天蔚，蔺荪，等.数字化汉语教学的研究与应用[M].北京：语文出版社，2006.

[38] 赵金铭.赵金铭国际汉语教育论文集[M].北京：北京语言大学出版社，2012.

[39] 中共中央宣传部.中国共产党宣传工作简史（上卷）[M].北京：人民出版社，2022.

[40] 11家研究和教育机构开展APOnet合作 将亚太大洋洲地区连接起来[J].中国教育网络，2021（7）：51.

[41] 白乐桑.法国汉语教育的起源与发展[J].国际汉语，2018（3）：43-51.

[42] 十九大报告关键词[J].吉林农业，2017（21）：1-5.

[43] 中央广播电视总台2019年多语种网红工作室工作概述[J].中国新闻年鉴，2020（1）：242-243.

[44] 陈默，杨卓睿.TikTok风靡海外原因探析[J].新闻战线，2021（5）：79-82.

[45] 陈尚达.应用型本科新闻传播学类专业人才培养模式改革探索与实践[J].皖西学院学报，2016，32（4）：34-40.

[46] 程曼丽.论国际传播的底气与自信[J].新闻与写作，2020（6）：61-66.

[47] 程曼丽.新形势下我国国际传播战略的调整[J].新闻爱好者，2022（5）：11-13.

[48] 董育中.大洋彼岸的汉语热[J].当代电视，2008（9）：76-78.

[49] 方静.试论新媒介时代传播模式对大学英语教学的启示：基于对拉斯韦尔模式与香农—韦弗模式的解读[J].青年文学家，2012（17）：62-63.

[50] 高一虹.跨文化交际能力的培养："跨越"与"超越"[J].外语与外语教学，2002（10）：27-31.

[51] 高增霞.简论汉语国际化[J].中国社会科学院研究生院学报，2007（6）：100-104.

[52] 古远清."世界华文文学"的分布及其走向（下）[J].名作欣赏，2021（13）：48-53.

[53] 郭力.略谈海外"汉语热"及其原因[J].比较教育研究,2006(12):87-90.

[54] 郭萍,张景学.提高国家文化软实力的国际比较与借鉴[J].郑州航空工业管理学院学报,2009,27(4):130-133.

[55] 何晓燕.Netflix的全球战略与"中剧"登陆Netflix的理性思考[J].编辑之友,2020(8):102-108.

[56] 胡文成.浅析美国高校汉语教学模式与特点[J].甘肃科技纵横,2005(3):167-168.

[57] 计红芳.华文文学研究:海外华文文学与中华文化[J].苏州教育学院学报,2021,38(2):46.

[58] 季羡林.东学西渐与"东化"[J].美术,2005(3):32-33.

[59] 贾颖妮.2020年东南亚华文文学研究概况[J].社会科学动态,2022(2):79-85.

[60] 蒋述卓.整合与策略:通向世界文学的世界华文文学[J].中国当代文学研究,2023(2):27-34.

[61] 康煜.刍议美国汉语教学法的变迁[J].青年作家(中外文艺版),2011(5):43-44.

[62] 柯传仁.二十一世纪汉语作为外语教学研究方向与理论建构刍议[J].世界汉语教学,2006(4):89-97.

[63] 赖伯疆.海外华文作家创作心态管窥[J].广东社会科学,1998(2):104-109.

[64] 雷莉,雷华.中美两国对外语言教学的比较与思考[J].比较教育研究,2003(11):12-16.

[65] 李爱慧,潮龙起.1965年以来中国新移民潮与美国华人人口结构的变化[J].南方人口,2017,32(1):1-13.

[66] 李宝贵,李辉.中文国际传播能力的内涵、要素及提升策略[J].语言文字应用,2021(2):2-15.

[67] 李宝贵,刘家宁.区域国别中文国际传播研究:内涵、进展与优化策略[J].语言文字应用,2022(1):44-55.

[68] 李宝贵，庄瑶瑶.中文纳入意大利国民教育体系的现状、特点及启示[J].国际中文教育（中英文），2021，6（3）：75-84.

[69] 李春雨，陈婕.北京文化与汉语国际推广[J].北京师范大学学报（社会科学版），2007（6）：100-104.

[70] 李敬欢，李睿.俄罗斯本土中文教学资源建设研究[J].民族教育研究，2021（6）：157-165.

[71] 李彦冰.从国际传播功能的演变看国际传播的阶段划分[J].东南传播，2010（1）：40-42.

[72] 梁楠.韩国华文文学概览[J].世界华文文学论坛，2018（4）：38-46.

[73] 廖小健."汉语热"对海外华侨华人的影响[J].比较教育研究，2008（1）：86-90.

[74] 林华东.制约语言传播的几个因素：论汉语的国际推广[J].绍兴文理学院学报（哲学社会科学版），2007（3）：35-39.

[75] 林克难.通过译例学译论：以等效翻译理论为例[J].天津外国语大学学报，2022，29（3）：22-27，111.

[76] 刘迪.兴盛中的危机：日本中文教育问题思考[J].教育，2011（16）：62.

[77] 刘晶晶，吴应辉.孔子学院与其他国际语言传播机构办学状况比较研究（2015—2017）[J].民族教育研究，2020，31（6）：126-134.

[78] 刘立.新时代提升孔子学院国际传播能力的多维思考[J].沈阳师范大学学报（社会科学版），2022，46（4）：101-106.

[79] 陆俭明.新时代国际中文教育理念创新和实践探索的若干思考[J].语言教学与研究，2022（4）：1-8.

[80] 罗春英.美国汉语教材现状综述[J].江西科技师范学院学报，2010（5）：71-77.

[81] 吕必松.我们怎样教汉语：兼谈汉字教学在汉语教学中的地位和作用[J].汉字文化，2012（1）：16-26.

[82] 吕庄直.从"象征能力"谈国际中文教育背景下中华文化国际传播的定位与发展[J].作家天地，2021（29）：23-24.

[83] 马超，王川元.央视中文国际频道国际传播能力的建设与提升[J].湖南大众

传媒职业技术学院学报，2017，17（1）：25-28.

[84] 马箭飞.国际中文教育开创新局面[J].神州学人，2022（1）：10-11.

[85] 宁继鸣，王海兰.汉语国际推广的公共产品属性分析[J].东岳论丛，2009，30（5）：176-180.

[86] 裴永刚.英国传媒产业发展现状、问题及趋势分析[J].编辑之友，2018（5）：101-106，112.

[87] 祁伟.国际中文教育发展与评价研究[J].湖北开放职业学院学报，2020，33（22）：93-94，101.

[88] 任晓霏，刘冬雪，李红艳，等.论新时代中文国际传播体系的构建[J].汉字文化，2022（S1）：141-143.

[89] 盛译元.美国高校汉语教学发展历程研究[J].海外华文教育，2016（5）：613-617.

[90] 苏好.基于用户思维建构时政类媒体竞争力[J].中阿科技论坛（中英文），2021（8）：88-90.

[91] 田瑾，刘少华.融媒时代中俄媒体合作传播新路径探析：以中俄头条App为例[J].传媒，2020，（14）：50-52.

[92] 王春辉.中文国际教育与传播的九大问题与思考[J].昆明学院学报，2023，45（1）：43-50.

[93] 王辉，郑崧.人类命运共同体视域下非洲中文传播的实践进路[J].西亚非洲，2022（5）：86-108，158-159.

[94] 王建辉.超越康德：黑格尔、普勒斯纳、约纳斯和马图拉纳的生命自主性理论[J].科学技术哲学研究，2022，39（2）：35-40.

[95] 王建勤.汉语国际推广的语言标准建设与竞争策略[J].语言教学与研究，2008（1）：65-72.

[96] 王路江，曲德林.新时期对外汉语教学发展的战略思考[J].中国高等教育，2004（5）：33-34.

[97] 王倩.创新中文国际传播，展现可信可爱可敬的中国[J].新闻战线，2022（24）：86-87.

[98] 王晓钧.美国中文教学的理论与实践[J].世界汉语教学，2004（1）：100-

104.

[99] 王悦欣，王刚. 汉语走向世界的理性思考 [J]. 河北大学学报（哲学社会科学版），2008（4）：138-141.

[100] 王祖嫘. 中文国际传播与中国形象认知的相关性研究：来自东南亚五国的实证 [J]. 云南师范大学学报（哲学社会科学版），2022，54（3）：66-77.

[101] 温晓虹. 美国汉语国际传播：学生、课程、教师 [J]. 汉语国际传播研究，2017（1）：11-25，154-155.

[102] 文军，李红霞. 以翻译能力为中心的翻译专业本科课程设置研究 [J]. 外语界，2010（2）：2-7.

[103] 文秋芳. 论外在学术语言和内在学术语言：兼及中国特色学术话语体系构建 [J]. 语言战略研究，2022，7（5）：14-24.

[104] 吴梦蕾. 由法国中文国际班管窥当代法国外语教育政策的特点 [J]. 语言教育，2020，8（1）：76-83.

[105] 吴应辉. 国际中文教育新动态、新领域与新方法 [J]. 河南大学学报（社会科学版），2022，62（2）：103-110，155.

[106] 吴应辉. 新时代国际中文教育服务强国战略八大功能与实现路径 [J]. 云南师范大学学报（哲学社会科学版），2022，54（3）：48-56.

[107] 伍晨辰. 美国孔子学院可持续发展思考（2004—2022）[J]. 云南师范大学学报（对外汉语教学与研究版），2022，20（3）：45-53.

[108] 肖顺良，吴应辉. 美国汉语传播研究 [J]. 语言文字应用，2016（2）：144.

[109] 谢玲玲. 以中国文化传承为核心的汉语教学模式：以美国堪萨斯中南部教育服务中心为例 [J]. 大学教育科学，2012（3）：37-40.

[110] 熊玉珍. 教育传播视野中的海外华文教育 [J]. 电化教育研究，2007（11）：23-26.

[111] 许雨燕. 中国国家形象的国际认知差异及其原因分析 [J]. 深圳大学学报（人文社会科学版），2015，32（5）：98-102.

[112] 尹海良. 对世界汉语热和汉语国际推广工作的认识与思考 [J]. 前沿，2009（2）：187-190.

[113] 于东兴，张日培. 全球传播格局重塑中的中文国际传播 [J]. 浙江大学学报

（人文社会科学版），2022，52（10）：20-30.

[114] 余夏云. "风"起"浪"涌40年：海外华文文学研究的变迁与展望[J]. 国际比较文学（中英文），2022，5（3）：21-31.

[115] 詹春燕，李曼娜. 孔子学院的可持续性发展：指标、模式与展望[J]. 华南师范大学学报（社会科学版），2014（5）：78-82，163.

[116] 张娟. 华文文学研究[J]. 苏州教育学院学报，2022，39（4）：38.

[117] 张凌彦. 新媒体时代对公众舆论的思考：读沃尔特·李普曼的《公众舆论》[J]. 短篇小说（原创版），2016（14）：60-61.

[118] 张西平. 从语言接触理论探讨汉语国际传播[J]. 语言规划学研究，2015（1）：67-71.

[119] 张西平. 汉语国际推广中的两个重要问题[J]. 长江学术，2008（1）：127-129.

[120] 张晓涛. 美国对华移民政策的演变及其影响[J]. 世界民族，2007（5）：48-56.

[121] 赵芳. 英国教育部斥资开发汉语卓越项目[J]. 世界教育信息，2016，29（19）：79.

[122] 赵金铭. 国际中文教育资源体系的特点与构建[J]. 汉语教学学刊，2022（1）：1-8，148.

[123] 赵延红. 强国的语言和语言强国[J]. 怀化学院学报，2008（2）：82-83.

[124] 郑定欧. 汉语国际推广三题[J]. 汉语学习，2008（3）：90-97.

[125] 郑梦娟. 国外语言传播的政策、法律及其措施刍议[J]. 语言文字应用，2009（2）：12-22.

[126] 钟翠苗，王铭东. 国际视野·中国声音·福建书写：闽籍作家与世界华文文学国际学术研讨会会议综述[J]. 闽台文化研究，2021（2）：116-120.

[127] 朱一凡，王金波. 语料库翻译教学的理论与实践[J]. 北方工业大学学报，2015，27（4）：65-69.

[128] 段艺琳. 央视提升国际传播能力的策略研究[D]. 济南：山东大学，2012.

[129] 黄敏萱. YouTube国际中文教学资源网络传播效果相关因素分析[D]. 北京：北京外国语大学，2022.

[130] 刘毓民.汉语国际教育[D].上海：华东师范大学，2012.

[131] 苏佳.中央电视台中文国际频道发展研究[D].乌鲁木齐：新疆大学，2012.

[132] 王彩霞.国际传播视角下的巴基斯坦汉语教学研究[D].上海：华中师范大学，2022.

[133] 王帆.在华外国人的媒介使用与效果研究：中国对外传播研究路径的再审视[D].上海：复旦大学，2012.

[134] 王向阳.文化软实力视角下中国国际传播能力建设研究[D].北京：外交学院，2022.

[135] 吴婷.中国网络媒体国际传播受众需求小样本问卷调查研究[D].长沙：湖南大学，2016.

[136] 邢梓元.讲好中国故事视角下国际中文教材中国故事元素调查研究[D].沈阳：沈阳师范大学，2022.

[137] 于洪菲.国际中文教育背景下文化类课程讲好中国故事的路径研究[D].沈阳：沈阳师范大学，2022.

[138] 宇璐.法国汉语传播研究[D].长春：吉林大学，2019.

[139] 郑惠文.新时期我国汉语国际传播政策研究[D].武汉：湖北工业大学，2021.

[140] 许琳，韩业庭.构建对外话语体系要学会换位思考[N].光明日报，2014-03-13（006）.

[141] CUI Xiliang, Wu Lingwei.International Chinese Language Education and Building a Community of Shared Future for Mankind[J].Contemporary Social Sciences，2020（1）：54-64.

[142] YANG Fan.Influence of Chinese International Students'Intercultural Communicative Competence to Their English Proficiency in the U.S.[J]. US-China Education Revie：B，2020（2）：61-78.

[143] JIAO Jing, XU Dejin.The Status Quo of Chinese International Business Practitioners'Intercultural Business Communication and Pedagogial Implications[J]. Management Studies，2020（1）：14-19.

[144] LI Aike, Wu Minsu."See the Difference"：What Difference? The New

Missions of Chinese International Communication[J]. Westminster Papers in Communication and Culture, 2018, 13（1）: 41–47.

[145] QIAO Zhaohong.Improve Chinese International Discourse Power by Telling Chinese Stories in Chinese Histories[J].Journalism and Mass Communication, 2021（3）: 105–111.

[146] ZHAO Shuwei. The Construction of Chinese Virtual Learning Community in ZOOM: Based on the Teacher-student Interaction[J].International Journal of Social Science and Education Research, 2022（2）: 135–142.

[147] WU Siyao.Study on the Cultural Self - efficacy of Chinese College Students in Intercultural Communication[J].International Journal of Social Science and Education Research, 2022（4）: 270–276.

[148] WU Jun.On the Feasibility of the Chinese County-Level Convergence Media Centers in Participating in International Communication: Evidence from CDHT's First-Hand Communication Practice[J].Contemporary Social Sciences, 2023（1）: 75–88.

[149] WANG Xia. Research on the Stimulation of Chinese Learning Motivation and the Theoretical Dimension of Chinese International Communication[J]. Academic Journal of Humanities & Social Sciences, 2019, 2（5）: 33–36.